코퍼스기반 번역학

이론, 연구결과, 응용

* 이 번역학 총서는 2단계 두뇌한국(BK)21 사업에 의하여 지원되었음
(부산대 영상산업 번역전문인력 양성사업단 번역학 총서)

코퍼스기반 번역학

이론, 연구결과, 응용

저자 Sara Laviosa | 역자 안동환

도서출판 | 동인

이 책은 Sara Laviosa의 *Corpus-based Translation Studies: Theory, Findings, Applications* (2002, Radopi)를 우리말로 번역한 것이다.

코퍼스(말뭉치)란 특정한 기준에 따라 선정되어 편찬된 텍스트들의 모음을 가리킨다. 근래에 코퍼스가 이론언어학 뿐만 아니라 언어습득 및 언어교육을 포함한 응용언어학에서도 중요한 자료로서 활용되고 있다. 또한 순수 번역학 및 응용 번역학 영역에서도 코퍼스의 활용에 관한 수많은 연구가 수행되었다. 코퍼스기반 번역학은 신생 학문분야로 역사는 비교적 짧지만 아주 유망한 분야임에 틀림없다.

저자가 밝히고 있듯이, 이 책의 목적은 비교적 역사가 짧고 빠르게 움직이는 코퍼스기반 번역학의 주요 개념, 분석방법, 연구결과 및 교육적 응용을 검토하고 평가하는 것이다. 이 책은 주로 1990년대와 2000년대 초까지 수행된 코퍼스기반 번역학 연구의 중요한 이론적 바탕, 주요 연구의 결과, 교육적 응용을 간략하지만 명쾌하게 요약하고 있어 번역 훈련생 및 교육가, 전문번역가를 비롯하여 번역학에 관심 있는 모든 사람들에게 번역의 질과 효율성을 크게 향상시킬 수 있는 도구와 기법들에 관한 유익한 정보를 제공해줄 것이라 믿는다.

이 한글판은 부산대학교 영어영문학과 BK21 영상산업 번역전문인력 양성사업단의 번역학자료 발간사업의 지원으로 발간되었다. 이 책이 나오기까지 도와주신 여러분들께 진심으로 감사드린다. 특히 교정작업으로 수고한 대학원생 최진숙, 김혜광, 정현숙 선생께 감사의 마음을 전한다.

2008년 6월
금정산 기슭에서
역자

C O N T E N T S  차례

1.

서론

원어와 비교하여 번역어의 질을 평가하고 대조언어학 분야에서 고안된 번역 텍스트 코퍼스에 기반을 둔 최초의 연구들이 (Gellerstam 1986; Lindquist 1989) 출현한 이후로 많은 진전이 있었음이 분명하다. 코퍼스의 연구는 90년대 초기 이래로 번역학 속에 완전히 융합되었을 뿐만 아니라, 가장 중요하게도, 코퍼스 연구가 너무나 빠르게 성장하고, 번역을 개념화하고 연구하고 가르치는 방식에 너무나 현저하게 영향을 미쳐, 이제는 더 이상 그 중요성을 방법론적 연구 영역으로 제한할 수 없으며, 또한 코퍼스언어학과의 연계성 때문에 이 새로운 연구 영역의 영향을 번역에 대한 언어학적 접근법에 국한할 수 없다. 또한 지난 10여 년에 걸쳐 상당한 양의 이론적 및 기술적 연구를 유발시킨 더 넓은 경험적 패러다임 속에서, 코퍼스기반 번역학은 번역학의 순수 및 응용의 양 분야에서 통일성 있고 특색 있는 많은 연구를 촉진시킨 것도 사실이다. 이러한 발전들을 고려해 볼 때, 코퍼스기반 번역학의 현황을 평가하고 장래의 발전 방향의 특징을 결정할 주요 동향들을 확인해 보는 것이 중요하다고 생각한다.

이 책을 쓰는 목적은 비교적 역사가 짧고 빠르게 움직이는 이 연구 분야의 주요 개념, 분석방법, 조사결과 및 교육적 응용을 검토하고 평가하는 것이다. 번역 훈련생 및 교육자, 전문번역가, 번역학 분야의 신진 연구자 및 학자들은 코퍼스기반 연구의 원리, 방법론, 발견사항 및 실제 응용이 유용하고도 고무적임을 발견할 것이다. 현장의 번역가들에게 작업의 질과 효율성을 진정으로 향상시킬 수 있는 도구와 기술을 제공해 주기 때문에 유용하다. 새롭고 일관성 있고 그리고 단단한 경험적 바탕에 근거한 번역의 과정과 산물에 관한 실상들을 보여주기 때문에 고무적이다.

코퍼스언어학과 기술번역학 사이의 연계성을 살펴보면서 간략하게 역사적으로 개관한 뒤에, 2장에서는 코퍼스기반 번역학이 방법론적 접근법으로 시작하여 완전한 패러다임으로 확립될 때까지의 발전과정을 간략히 기술한다.

3장에서는 코퍼스를 통한 번역 연구의 정당성, 연구대상의 정의, 그리고 이러한 유형의 연구를 위해 채택된 새로운 연구모형에 관하여 이 연구분야 내부로부터 제시된 근본적인 이론적 설명들을 분석한다.

4장에서는 먼저 기술적 및 응용적 연구를 위해 제작된 코퍼스의 유형들을 살펴본다. 그 다음에 기술번역학과 대조언어학의 중간 위치를 차지하는 연구들을 포함하여 최근의 수많은 연구들에 의해 축적된 경험적 연구결과들을 분석하고 평가한다. 이 장은 앞의 장보다 상당히 길다. 그것은 순수 코퍼스기반 번역학의 현재 상태를 특징짓는 연구결과들의 불균형적인 분포를 그대로 반영해 준다. 이는 부분적으로 이론과 기술 사이에 존재하는 상호관계에 기인하는데, 그 상호관계는 순수 연구의 이 두 가지 측면을 실제로 구분할 수 없게 만든다. 가설의 수립, 연구대상의 구성, 그리고 가설의 점검 모두가 동일한 연구논문 속에 나타나며, 그 속에서 이론적 설명은 조사결과 자체에 의해 입증되며, 그리고 분석된 자료의 재검토, 가설의 수정, 추가 연구를 위한 제안의 형태를 취한다. 상황이 이러한 이유는 주어진 번역현상의 연구를 위한 기본적인 원칙들과 기본적 구조를 제공해 주는 기저의 일반적 경험적 코퍼스연구의 패러다임 속에 내재하고 있다. 경험적 접근법의 기본적인 가정은 의미는 합리적일 정도로 객관적이며, 아니면 적어도 연구자가 검증할 수 있는 가설을 통해 관찰하고 연구할 수 있을 만큼 충분히 명백하고 안정적이라는 것이다. 방법론이 엄격하다면, 즉 과정이 명백하고 타당하고 반복 가능하며, 그리고 가설이 운용 가능하고 반증 가능하다면, 우리가 자료분석을 수행하기 위해 사용될 개념적 범주들을 초기에 정의할 때 어느 정도의 부정확을 용인할 수 있다는 결론이 나온다. 우리는 적어도 연구주기의 초기 단계에서는 우리의 선험적인(a-priori) 개념분석이 임시적이라는 사실을 수용할 수 있다. 우리는 마지막 단계에서, 연구결과를 근거로, 자료의 질, 절차의 건전성, 그리고 원칙 및 분석범주의 적절성을 평가하기 때문에 최소 수준의 신뢰성만을 수용할 수도 있다. 분석과 우리의 연구결과에 대한 개방적인 논의를 기초로 하여 연구설계를 사후에(a-posteriori) 개선하고 기저의 이론을 수정한다. 마지막으로 앞으로의 연구를 위한 더 많은 더 좋은 가설들을 제시하며 새로운 연구주기가 시작된다.

　　5장에서는 주요 응용연구들을 검토하고 번역 코퍼스를 외국어교육에 응용하는 최근의 중요한 사례들을 간략히 살펴본다. 응용연구가 양적인 면에서 상대적으로 적은 한 가지 이유는 번역훈련에 대한 코퍼스기반 접근법을 체계적으로 실행하기 위해서는 필요한 소프트웨어의 획득을 위해서 뿐만 아니라 적절한 코퍼스의 설계와 편찬에 바쳐져야 할 시간의 측면에서도 상당한 양의 자원이 요구된다는 점이다. 그러나 코퍼스가 실제로 교육훈련 목적으로 세계적으로 널리 혁신적이고 효율적으로 사용되고 있는 것은 사실이지만, 그러나 코퍼스는 아직 학계에서는 많이 알려져 있지 않다. 이는 응용학문 분야에 종사하는 사람들이 교실기반 실험에 관한 논문을 발표하는 것을 억제하는 바람직하지 못한 효과를 당연히 가져 올 그러한 교육용 연구에 대해서는 일반적으로 낮은 지위가 주어지기 때문이다.

마지막으로 기술적 및 응용적 연구 분야에서 진행 중인 몇몇 주요 연구들을 살펴본 후에 코퍼스기반 번역학과 이 새롭고 다양한 연구 분야의 기저가 되는 일반적인 본질주의(essentialist) 패러다임의 관련성을 검토한다.

번역의 이론, 기술, 실제와 관련된 다양한 문제들을 다루는 통일성 있고 복합적이며 풍부한 패러다임이라고 필자가 기술한 것은(Laviosa 1998a) 탐구하여 전 세계에서 정말 헌신적으로 연구에 전념하고 있는 많은 학자들의 노력을 완전히 인정해 주는 통일성 있고 복합적이며 풍부한 설명으로 제시할 만한 가치가 있다. 이것이 바로 이 책 작업을 시작할 때의 필자의 궁극적인 목표이었다. 이제 이 모험의 마지막 지점에서, Hatim(1999)에 동의하여, 번역학의 순수 및 응용 분야 모두에서 진정한 진전을 이루어 낼 수 있는 큰 잠재력을 지닌 정말 새로운 연구의 물결이라고 필자가 믿고 있는 분야에 관한 우리의 현재 지식에 겸손하지만 확실한 공헌을 했기를 바란다.

전 세계 곳곳에서 이 젊고 흥미롭고 도전적인 연구분야에 헌신하고 있는 모든 친구들과 동료들에게 감사의 마음을 전하고 싶다. 그들의 불타는 열정이 나에게 편집상의 어려운 일을 견디어 나갈 욕망을 불어넣어 주었다. 원고 전체를 교정하는 중요한 시기에 구원자로서 나타나 문체와 체제에 관하여 많은 조언을 준 Alet Kruger에게 특히 감사를 표한다. 여느 때처럼 일요일마다 빵을 굽지 않아도 잘 견뎌 주며 "멋진 엄마, 사랑해요."라며 격려의 말로 내 어깨를 부드럽게 두드려준 내 아들 Richard Brauthwaite에게 사랑의 마음을 전한다.

2.

역사적 개관

코퍼스기반 번역학에 영향과 자극을 준 2가지의 주요 원천은 코퍼스언어학과 기술번역학(Descriptive Translation Studies: DTS)이다. 이 장의 첫 부분은 코퍼스언어학 분야를 개관하고 DTS가 응용언어학의 다른 분야들에 응용되는 주요 사례들을 논의한다. 그 다음 절들에서는 DTS를 소개하는데, 첫째로 번역학 전체에서의 역할과, 둘째로 코퍼스언어학과의 이론적 연계성의 강도를 분석한다. 혁신적인 코퍼스기반 방법론을 개발하자는 초기의 제안에서부터 추후의 새로운 패러다임의 형성까지의 발전과정을 간략히 개관하면서 이 장을 끝맺을 것이다.

2.1 코퍼스언어학

코퍼스언어학의 제2의 (또는 전산) 시기로 알려진 현대 코퍼스언어학의 시작은 1960년대 초기로 거슬러 올라가는데, 그 때에 컴퓨터로 읽을 수 있는 1백만 단어 분량의 '제1 세대'의 코퍼스가 처음 만들어졌다. 1961-4 년에 Francis 및 Kucera 두 교수에 의해 설계된 Brown Corpus는 미국 문어 영어로 된 최초의 코퍼스이다 (Kucera & Francis 1967). LOB (Lancaster-Oslo-Bergen) Corpus는 Brown Corpus를 모델로 만들어졌으며 영국 문어 영어의 자료들을 포함하고 있다. 이 코퍼스는 Leech, Johansson 및 Hofland에 의해 편찬되었으며 1978년에 완성되었다 (Leech 1991a; 1991b; Stubbs 1996; Svartvik 1996).

코퍼스언어학에 관한 필자의 개관은 수백만 단어 분량의 문어 및 구어 영어로 구성된 '제2세대' 코퍼스에서부터 시작한다. 즉 Sinclair의 Birmingham Collection of English Text (Renouf 1984; Sinclair 1987)와 Longman/Lancaster English Language Corpus인데 이 두 코퍼스는 모두 텍스트 입력 작업을 위해 KEDM 광학 문자인식 장치를 사용한 것들이다 (Leech 1991b). 그 전에는 가끔 사용되었던 '코퍼스언어학'이라는 용어가 Aarts & Meijs가 편집한 단행본의 제목으로 나타난 것이 바로 이 때이다 (*Corpus Linguistics*, Amsterdam: Rodopi 1984). 또한 이 때가 바로 Sinclair 자신의 표현대로 "수백만 단어 길이의 텍스트 처리에 기초를 둔 언어 연구는 ... 가능하지만 여전히 어려운 일"이라고 생각되었던 시기이다 (Sinclair 1991a: 1).

80년대와 90년대의 코퍼스언어학은 텍스트 분석을 위해 특수하게 설계된 다양한 소프트웨어 도구를 사용하여 기계로 읽을 수 있는 거대한 텍스트 코퍼스를 분석하는 일에 관여하는 일반언어학의 한 분야라고 정의될 수 있다. 코퍼스는 "언어분석에 사용되는 주어진 언어, 방언 또는 언어의 다른 하위집합을 대표한다고 생각되는 텍스트들의 모음"이다

(Francis 1992; Sinclair 1992: 2에서 인용). 그 뒤에 코퍼스는 "언어의 표본으로서 사용될 수 있도록 명시적인 언어적 기준에 따라 선정되고 배열된 언어 조각들의 모음"이라고 EAGLES 사업에 의해 정의되었다 (EAGLES 1996). 여기서 "조각(pieces)"이라는 단어는 "텍스트(texts)"의 반의어로 사용되어, 텍스트 표본들로, 즉 임의적 기준에 따라 선정된 다양한 길이의 텍스트 단편들로 구성된 코퍼스들을 포함한다. Francis에 의해 제시된 정의는 추정된 대표성이라는 핵심적인 개념을 내포하고 있다. 즉 이는 코퍼스의 대표성이 결코 절대적이거나 완전한 것이 아니라 코퍼스를 구성하는 텍스트 선택의 기저에 놓여있는 설계기준들과 그 코퍼스 속에서 서로 다른 텍스트 범주들이 차지하는 비율을 모두 식별하여 명시화하는 과정에 의해 부단히 추구되고 협상되는 것임을 의미한다.

　　모든 코퍼스언어학적 분석은 연구대상인 코퍼스 자체의 생성과 그리고 그것을 관찰하고 분석하고 처리할 소프트웨어 도구의 개발에 달려 있다. 더 구체적으로, Leech(1991b)는 코퍼스기반 연구를 기존의 어구검색(concordance) 프로그램 및 문법적 품사표기(tagging) 시스템의 수준 이상으로 끌어올리기 위해서는 3그룹의 도구들이 필요하다고 확인하였다. 즉 그것들은 (a) 서로 다른 형식의 코퍼스들을 다양한 방식으로 분류하고 검색할 수 있는 일반적 목적의 코퍼스 검색 프로그램, (b) 다양한 층위에서 (예: 통사적, 의미적, 화용/담화적 및 다양한 용도) 코퍼스의 주석달기를 쉽게 하는 도구들 (예: 자동적, 반(semi-)상호작용적 처리, 가속화된 수작업 분석 및 입력), (c) 코퍼스와 어휘적 문법적 데이터베이스 간의 정보교환을 허용하는 도구들이다.

　　코퍼스 설계 및 전산화된 분석방법은 코퍼스언어학의 방법론을 구성하는데, 그 방법론은 이 분야의 정의에서 중요한 부분이며 이 분야의 발전에 중요한 요인이기도 하다. 후자는 지난 20년 동안에 있었던 코퍼스기반 연구의 급속한 팽창에 의해 확인된다. 이 기간 동안에 텍스트 검색 소프트웨어가 개발되고 컴퓨터 하드웨어의 저장 및 처리 능력이 증가되었으며, 아울러 컴퓨터 식자, 워드 프로세싱, 자동 자료갈무리 (Leech 1991a) 및 CD-ROM 광학 디스크가 발달되었으며 따라서 British National Corpus와 같은 수억 단어 분량의 코퍼스를 생성하고, Bank of English와 같은 개방형 모니터 코퍼스와 대본뿐만 아니라 어구검색 결과에 관한 시청각 정보를 동시에 제시해 줄 수 있는 상호작용식의 Corpus of Spoken American English(CSAE)와 같은 다른 코퍼스 유형들을 설계할 수 있게 되었다 (Chafe *et al.* 1991).

단일어 코퍼스 언어학에서의 더 최근의 발전은 멀티미디어 코퍼스이다. 멀티미디어 코퍼스는 구어 설화 표본이거나 또는 문어 텍스트와 그림의 결합체인 그러한 코퍼스들의 일차적 비텍스트 자료를 나타내는 문제점을 해결하려고 시도한다. 현재로서는 이미지 스캔과 음성 자료가 멀티미디어 코퍼스의 주요 개발 영역이다. 예를 들어, MARSEC 프로젝트에서는 (Roach and Arnfield 1995), 구어 영어 자료가 디지털화되어 컴퓨터에 저장되어 있으며, 음성파일들이 발음표기에 맞추어 정렬되어 있다. 이러한 방식은 발음기호로 표기된 자료의 검색과 원래 음성파일의 검색을 가능하게 한다. Lampeter Corpus of Early Modern English Tracts (Schmied 1996)는 원문 텍스트 페이지의 사본을 발음표기와 함께 보관하는 것을 목표로 한다. 8-11세 어린이들의 읽고 쓰는 능력의 실제를 검토하는 Children's Writing Project (McEnery & Wilson 1997)에서는 민족지학적 자료 (어린이와의 인터뷰, 사진, 생산된 작품에 관한 메모)는 코퍼스 자료 (원작품의 디지털화된 스캔과 발음표기, 발음표기의 품사 주석, 발음표기된 텍스트 속의 시각자료의 SGML표기 분석)와 합쳐져 있다. 코퍼스 속의 모든 정보는 HTML언어를 사용하여 상호 연결되어 있다. 현재까지의 멀티미디어 코퍼스의 개발은 단일어 연구 및 기술적 언어연구에 초점을 두고 있다.

일반언어학 속에서 독립적인 분야로서의 코퍼스언어학을 특징짓는 것은 그것의 특정한 방법론도 아니요 연구대상의 특정한 성격도 아니며, 상호의존적이며 동등하게 중요한 4가지 요소인 자료, 기술, 이론 및 방법론의 통합에 굳건히 기반을 둔 고유한 언어연구 접근법이다. 그 요소들의 상호관계는 코퍼스 제작, 발견, 가설 형성, 점검 및 평가를 포함한 연속적 과정과 관련지어 설명될 수 있다. 코퍼스는 연구의 동인력인 언어 원자료를 구성한다. 이 자료들은 최소한의 원리를 기초로 하여 명시적인 설계 기준에 따라 조립되고 기록된다. 그 뒤에 그것들은 전산화된 도구와 기술을 (예: 어구검색, 단어빈도 목록, 단어빈도 통계, 연어관계 자료 등) 통해서 코퍼스언어학자에 의해 검토되어 처리된다. 이러한 상향식 접근법에 의해 발견된 언어에 관한 사실들은 언어행위에 관한 새로운 기술에서 축적되어 체계적으로 구조화된다. 이것들이 언어이론 속으로 입력으로 들어가 경험적으로 관찰된 현상들을 설명하고 수용하도록 개념과 언어모형이 만들어지며, 가설이 제시되고, 추가 점검이 이루어진다. 그 다음에 이 새로운 연구는 초기 코퍼스의 확장 (또는 비교연구를 위한 새로운 코퍼스의 생성), 방법론의 수정, 더 많은 사실들의 수집 및 이론의 증강을 촉진하게 된다.

코퍼스언어학에 의해 개발된 언어연구 접근법에 정보를 제공한 주요 원리는 다음과 같이 요약된다 (Stubbs 1993: 2 및 1996: 23의 내용을 조정함).

- 언어학적 연구에서 코퍼스 증거의 중요성과 언어이론 수립에서 기술언어학의 역할을 훼손하는데 영향을 미쳐온 소쉬르학파의 랑그 – 빠롤(langue - parole), 촘스키학파의 능력 – 수행 및 내재 – 외재(internalised - externalised) 언어의 이원적 구분을 거부한다.
- 언어는 자손 대대로 문화를 반영하고 재생산하는 사회적 현상으로 여겨진다.
- 사용 중인 언어는 일상적 및 창조적 과정, 그리고 개별성 및 일반성 모두를 포함한다. 언어의 전형성은 의미를 수반하며 중요한 사회화 역할을 수행한다.
- 사용 중인 언어는 체계적으로 이질적이다 (Halliday 1991). 즉 "통일성은 언어에 적용되어야 할 최후의 개념이다" (Firth 1935: 67-8). "다양성은 언어생활의 조미료이며 언어변화의 열쇠이다" (Aitchison 1996). 그러므로 텍스트들은 예를 들어, 방언, 장르, 성별 또는 사회계층에 따르는 서로 다른 언어 변이형들을 대표하는 코퍼스들을 넘나들며 비교의 입장에서 연구된다.
- 언어는 진정한 (결코 만들어지거나 직관적이지 않은) 구어 및 문어 텍스트의 방대한 모음에서 경험적으로 연구된다. 왜냐하면 언어사용의 유형은 내성(introspection)에 의하거나 또는 개별 사례의 분석을 통해서 원어민 화자 또는 언어학자에 접근될 수 있는 것이 아니라 코퍼스에 근거한 단어빈도, 어구검색 및 연어관계의 직접적인 점검을 통해서만 발견될 수 있기 때문이다.
- 단어의 의미는 언어사용 속에 간직되어 있으며 실제 코퍼스 인용 속에서 연구된다.
- 언어학의 역할은 "발명된(invented)" 규칙들을 규정하기보다는

"진짜의(genuine)" 언어 규칙들, 즉 반복적으로 나타나는 무의식적 유형들을 발견하고 이해하고 기술하는 것이다 (Aitchison 1996).
— 언어학은 본질적으로 사회과학이며 응용과학이다.

80년대와 90년대는 영어사용 세계에서 뿐만 아니라 유럽 전역에서 코퍼스언어학 연구의 눈부신 성장을 목격하였다. 1990년 1월에는 유럽의 16개 언어에 대해 3억6천5백만 단어 분량의 일반적 단일어 코퍼스들이 이미 제작되어 있었다 (Leech 1991b: 21). 그 이후에 The Council of Europe의 지원을 받아 이중어 및 다중어 코퍼스들이 제작되었다. 다중어 코퍼스 설계에 있어서 대규모 사업의 예는 Network of European textual Reference Corpora(NERC)로서 이 사업의 목표는 그 당시 EU의 9개 공식 언어 각각에 대해 5천만 단어 분량의 참조 코퍼스를 만드는 것이었다 (Teubert 1994). 최근에 EU 자금지원을 받은 Parole 프로젝트는 모든 EU 언어들에 대한 2천만 단어 분량의 일반 비교코퍼스의 생산을 목표로 하고 있다 (Aston 1999).

단일어 및 다중어 코퍼스의 체계적 제작과 연구는 기술언어학 및 응용언어학 분야에서 새로운 연구영역들을 지속적으로 열어가고 있다. 이것은 전세계적으로 많은 신선하고 대규모의 경험적 증거들을 산출해내고 있는 코퍼스기반 연구 방법들의 새로움과 강건함의 결과이다. 사전편찬, 교육언어학, 전산언어학, 기계 및 컴퓨터 보조 번역, 대조언어학, 용어학, 법언어학, 비평언어학, 문학연구, 제2언어습득, 언어발달, 방언학 및 언어변이 연구, 문체학, 역사언어학, 심리언어학 및 사회언어학은 모두 코퍼스언어학의 영향으로 인해 방법론적 및 이론적 접근법에 있어 중요한 변화를 경험하고 있다 (Barnbrook 1996; McEnery & Wilson 1996). 영국의 두 선구자의 말대로, 코퍼스언어학은 "기술에 관한 새로운 시각" (Sinclair 1991a: 2) 및 "언어에 대한 새로운 사고방식"으로 정의되었다 (Leech 1992: 106).

2.2 기술번역학

Homes(1972; 1987; 1988)가 제안한 번역학의 3부 구조에서 기술번역학 (Descriptive Translation Studies: DTS)은 번역학 전체의 연구대상을 구성 하는 것으로 보이는 3개의 구분되는 경험적 현상들, 즉 번역의 제품, 과 정 및 기능의 체계적 기술에 관여하는 분야를 나타낸다. DTS와 다른 두 분야인 이론번역학 및 응용번역학 사이의 관계는 변증법적이며, 번역학 전체의 발전은 동등한 지위를 누리는 3가지 요소들 모두의 조화롭고 역 동적인 상호작용에 달려 있다.

　　Toury(1995)는 DTS를 과학분야의 지위로 끌어올려 그것의 기술적-설명적 틀 속에서 수행되는 개별적 연구들과 구분하려는 Holmes의 기본 적 구상을 채택한다. Toury의 번역학 프로그램에서는 DTS가 번역학의 핵심에 있으며, 변별적인 내적 구조를 가지며, 번역이론과 상호작용하며, Toury가 번역학의 응용확장이라 부르는 것과 일방향적 관계를 가진다. 이 명칭은 응용분야가 번역학의 중심부가 아니며 번역학 외부의 세계에 까지 확장된다는 견해를 강조하기 위해서 사용된다. DTS의 3가지 연구 초점들은 복합적 전체를 구성하며 그 속에서 번역의 기능은 번역의 제품 과 번역작업의 활동이 목표문화 속에서 차지하는 위치를 의미한다. Toury의 '기능'이라는 용어의 사용은 특정적이다. 그것은 Vermeer의 Skopostheorie (Vermeer 1986; Toury 1995: 12에서 간접인용)에서처럼 번역의 특정한 목표를 가리키는 것이 아니라, "어떤 항목이 자기가 관여하는 관계망으로 인해 어떤 체계 속에 속하게 될 때 그 항목에 부여되는 '값(value)'"을 의미한다 (Toury 1995: 12). 기능은 번역의 실제의 텍스트 구성을 결정하며, 그리고 번역작업의 과정을 지배한다. 다시 말하면, 번역작업의 과정이란 원전텍스트에서 목표텍스트를 산출하고 그리고 그들 사이에 유지되는 결과적 관계들을 산출하기 위해 번역가가 사용하는 전략들을 말한다. 이것은 역동적 기능주의에서 생기는 (Even-Zohar 1990; Sheffy 1992) 선험적(*a-priori*) 입장으로 Toury의 모형에 정보를 제공한다.

DTS와 이론 사이의 관계는 상호적이다. 관찰적이며 실험적인 기술적 연구의 결과들은ー번역이 다양한 상황 아래서 무엇에 그리고 왜 "**실제로 관여하는지**"를 밝혀주는데ー항상 (이 연구들이 이론기반이든 자료기반이든 상관없이) 번역이 "원칙적으로 무엇에 관여**할 수 있는지**"에 관한 기존 가정들에 대한 증명, 개정 또는 확장의 형태로 이론 분야와 약간의 연관성을 가질 것이다. 이러한 경험적 토대를 기초로 하여, 이론은 번역이 다양한 상황 아래서 무엇에 "관여**할 가능성이 있는지**"를 예측할 수 있는 위치에 있을 것이다 (Toury 1995: 15). 이 예측들은 번역과 번역작업에 영향을 미치는 서로 다른 변항들 사이에 존재하는 관계들을 설명해주는 번역행위의 확률적 규칙들로 표현된다. 그 규칙들은 뒷받침해 주는 경험적 연구결과들과 함께 번역행위에 관한 규범적 규칙들의 기초를 형성한다. 이것들은 이론에 의해 형식화되는 것이 아니라 번역학의 응용확장이라는 별개의 영역에서 일하는 사람들, 예를 들면, 비평가, 교사 또는 번역 기획가에 의해 독립적으로 정교화된다. 순수번역학과 그것의 응용확장 사이의 관계는 일방향성이며 간접적이라는 결론이 나온다. 번역학의 응용은, Toury의 구상에서는, 번역 행위의 이론 및 기술뿐만 아니라 교수 및 학습 이론, 정보기술, 대조분석, 전산언어학 등과 같은 다양한 학문분야를 이용하는 별개의 연구분야이다. 번역학에서 DTS가 수행하는 중심적 역할은 Toury에 의해 매우 강하게 주장되는데, 그는 기술번역학의 발전은 번역학이 완전하고 독립적인 경험과학으로 진화하기 위한 일차적 조건이라고 말한다. 그것은 거의 30여 년 전에 Holmes에 의해 전망되었으나 오늘날까지 아직 현실이라기보다는 절실한 *요구(desideratum)*로 남아있다.

DTS을 위해 Toury가 제시하는 방법론적 절차들은— 그것들의 목적은 번역의 기능, 산물 및 과정 사이에 유지되는 관계를 밝히려는 것인데 — 연구대상을 확인하는 것으로 시작된다. 이 연구대상은 "어떠한 근거에서든 목표 문화에서 발화라고 제시되거나 간주되는 모든 것"으로 정의되는 "가정된 번역들"로 구성된다 (Toury 1995: 32). 이 정의에 대한 합당성은 DTS에 정보를 제공해주는 두 가지 기본 원칙에서 나온다. 첫째는 "번역은 목표 문화의 사실들로서, 즉 때로는 특수한 위상의 사실들이기도 하며 때로는 식별 가능한 자체적 (하위)체계를 형성하기도 하지만, 여하튼간에 목표 문화의 사실들이다"는 것이다 (Toury 1995: 29). 둘째는 번역이 단순히 다른 텍스트들의 대리품에 불과한 것이 아니라 자체적인 텍스트임을 확인해 준다. 이러한 목표 지향적이고 경험적인 관점에서는 개별 텍스트나 텍스트 코퍼스를 선정하는 초기의 기준은 외적이고, 임시적이며, 목표언어 체계에 견고하게 기초를 둔다. Toury의 번역학 프로그램에서 '코퍼스'라는 용어는 코퍼스언어학 분야에 의해 부여되는 그러한 전문화된 의미를 갖지 않고, 명시된 기준에 따라 수작업으로 수집되어 검색되는 비교적 작은 코퍼스 모음을 일반적으로 가리킨다. 이러한 모음은 예를 들어 특정한 번역가, 번역학파, 필자, 시기의 텍스트들을 포함한다.

가정된 번역들을 분석하는 첫 단계는 원전을 참고하지 않고 각 개별 텍스트를 일반적인 목표언어 텍스트로서 그리고 목표문화 속의 번역으로서의 수용성을 평가하는 것이다. Toury(1995: 72-73)에 의하면, 이 분석은 동일한 원전텍스트를 동일한 시대에 동일한 언어로 번역한 여러 번역본들을 서로 비교함으로써 수행될 수 있다. 한 가지 예는 *The Wizard of Oz*를 핀란드어로 번역한 것으로 모두 1977에 발간된 2종류의 번역본에 대해 가독성(readability)을 서로 비교한 Puurtinen의 연구이다. Puurtinen은 가독성이 핀란드 아동문학 체계 속에서의 이 번역들의 수용성의 한 가지 양상이라고 가정한다. 그 다음에 그녀는 그 두 번역본의 상대적 가독성에 영향을 미치는 두 번역가의 서로 다른 언어적 선택들을 검토한다 (Puurtinen 1989a; 1989b). Toury의 견해에서는, 전적으로 목표문화의 틀 속에서 수행될 수 있으며, 그리고 연구자가 번역 텍스트 코퍼스의 수용성을 확립할 수 있도록 해주는, 한 가지 종류의 비교는 서로 다른 시기에 동일한 언어로 옮겨진 번역본들에 관한 연구이다. 더욱이, 동일한 번역가에 의한 번역본 생산의 연속적 국면들을 분석해 보면 번역작업의 과정동안 번역가의 선택에 정보를 제공하는 수용성의 개념이 밝혀질 것이다. 또 다른 유형의 연구는 수용성-적절성 차원과 관련하여 많은 문화에서 있을 수 있는 변이현상들을 평가하기 위해 동일한 원전텍스트를 서로 다른 언어로 옮긴 번역본들을 서로 비교하는 것이다. 이러한 유형의 분석도 역시 번역에 있어 무엇이 문화-특정적이며 언어-특정적인가 그리고 무엇이 보편적인가를 식별하는데 도움이 될 것이다 (예를 들어, Ben-Ari 1988을 보라).

Toury가 제안한 분석의 두 번째 국면은, 만일 원전텍스트가 존재한다면, 그 원전텍스트의 확인과 더불어 시작한다 (가정된 번역이 사실상

"유사번역(pseudo-translation)"일 가능성도 있다). 그 다음에는 나아가 목표텍스트를 원전과 연결하는 관계를 결정하기 위해 목표텍스트 조각들을 원전텍스트의 해당 부분에 사상한다. 이 분석도 역시 가정된 원전텍스트의 번역의 진정한 원전으로서의 정당성을 증명해 줄 수도 있다. 텍스트 조각들의 병렬분석은 원전텍스트와 비교하여 번역에 나타나는 전이(shifts)를 연구하는데 사용될 수도 있다. 그러나 Toury는 일반적으로 전이의 확인과 관련된 "부정적 종류의 추론"에 대하여 경고하고 있는데, 그 전이의 확인 과정이 보통 번역이 정말 무엇을 함의하는지를 기술하고 이해하려고 노력하기보다는 번역상의 성공과 실패를 평가하는 과정으로 흐르기 때문이다 (Toury 1995: 84).

분석의 셋째 단계에서, 원전텍스트와 목표텍스트 사이에 성립된 관계는 선정된 텍스트쌍의 등가성을 결정하는 규범에 관한 일반화의 기초가 된다. 등가성은 원전텍스트 고수라는 절대적 기준에 기초한 **선험적** 개념으로 인식되지 않는다. 따라서 그것은 특정한 목표텍스트에 사용될 수 있는 모든 가능한 해결책들의 집합을 가리키지 않으며, 주어진 목표문화 속에서 수용될 수 있는 번역의 특징들을 이루는 실제 관계들을 포함한다. 이는 기술적 연구에서는 연구자가 등가성이 존재한다고 항상 가정할 것임을 의미한다. 연구자가 밝힐 것은 불변성과 변형 사이의 균형의 측면에서 등가성이 실현되는 구체적인 방식이다. 그러면 이러한 유형의 기능적 - 관계적인 그리고 문화적으로 결정된 등가성은 검토된 목표텍스트에 정보를 제공하는 번역의 개념을 발견하는데 디딤돌이 된다.

지금까지 간략히 설명한 "발견 절차들"은 특정한 번역가, 번역학파, 작가, 기간, 지역, 장르와 같은 기준에 근거하여 만들어진 코퍼스 속에 포함된 모든 텍스트에 대해 반복 적용된다 (Toury 1995: 36-39). 그러한 확장된 연구의 목표는 단일 쌍의 텍스트에 국한하지 않고 지정된 원리에 따라 조립된 번역들의 통일성 있는 묶음에 작용되는 일반화 결과들을 제시하는 것이다. 그러면 이러한 일반화 결과들은 이론적 분야에 의해 정교하게 만들어져, 지역, 텍스트 유형, 기간 등과 같은 특정한 변항에 관한 부분적 이론으로 통합된다. 그 후 이 이론들은 번역학 전체의 궁극적인 목표인 번역과 번역작업에 관련된다고 밝혀진 모든 변항들을 마침내 설명할 번역행위의 보편적 확률적 규칙들의 형식화를 달성하는데 기여하게 될 것이다.

Toury가 제안하는 기술적 방법론은 실제의 번역 산물에서 실현되는 관찰 가능한 현상들에서부터 번역행위를 지배하는 관찰 가능한 요인들에게로 점진적으로 귀납적으로 진전되어 가는 과정을 포함한다. 이 과정의 각 단계에서 경험적 기술을 기초로 가설들이 형식화되며, 그 가설들은 처음에는 개별 텍스트에 적용되고, 그 다음에는 점점 더 높은 수준의 일반화들을 달성할 목적으로 동일한 목표 문화 속의 확장된 코퍼스에, 그리고 그 범위를 넘어서까지 적용되는 "발견 절차들"을 통해 증명된다. 자료, 기술 및 경험적으로 도출된 원리 간의 상호작용은 번역학의 주제에 대한 이 연구방법의 두드러진 측면이다. Toury는 결과를 비교하고, 연구를 반복하며, 번역의 본질에 관한 우리의 현재의 지식의 범위를 넓히기 위해 통일성 있는 기술적 방법론을 개발하는 것이 바람직하다고 강조한다.

개별 번역들과 코퍼스를 연구하는 것뿐만 아니라 Toury는 번역학의 제2순위 연구대상을 제시한다. 그것은 번역행위를 제약하는 규범(norms)이다. 이 개념은 번역행위가 사회문화적 환경 속에 매입되어 있으며 목표 사회에 의해 부여된 기능을 수행하며 번역가의 선택을 안내하는 적절한 행위의 기준들이 있다는 인식에 기초를 두고 있다. 3가지 유형의 규범들이 제안된다. 즉 "초기 규범"은 전체적 번역 전략으로서 적절성 대 수용성의 선택과 관련되며, "예비 규범"은 "번역 정책"과 "번역의 직접성"과 관련되며, "운용 규범"은 번역된 텍스트의 텍스트적 구성에 관한 결정들을 지배한다 (Toury 1995: 56-58). 규범들은 관찰될 수 없기에 재구성될 수 있을 뿐이다. 2가지 주요 자료원천은 번역된 텍스트들 자체에서 관찰된 언어의 규칙성들(텍스트적 원천)과 그리고 규범적 번역이론들에 의해 제시되는 원리들 및 비평가, 번역가, 편집인, 발행인 및 이 분야에 종사하는 다른 개업자들에 의해 언급된 설명들로 구성된 텍스트 외적 원천이다. 그러나 간접 출처로부터 수집된 정보는 언어적 증거보다 신뢰성이 낮다고 여겨지는데, 왜냐하면 그것은 "규범에 의해 조절되는 행위"의 일차적 산물이라기보다는 "규범의 존재와 활동"의 부산물로 간주되기 때문이다 (Toury 1995: 65). 더욱이, 그 자료는 편파적이거나 실생활 수행과 불일치할 수 있다. 결론적으로, 규범은 규범적이라기보다는 기술적인 개념이며, 관찰 가능한 번역행위의 규칙성에 반영되어 있다. 그것들은 번역가의 선택을 안내해주며 주어진 목표 문화 체계 속에서 번역에 부여된 입장에 의존한다.

번역학에 대한 Toury의 역사적-기술적 접근법의 본질적인 양상들과 코퍼스언어학적 언어관의 기초가 되는 원리들 사이에는 매우 닮은 점을 찾아 볼 수 있다. 양측은 모두 직관적 자료 또는 선험적 가정에 근거한 고찰을 통해서보다는 경험적 시각을 받아들이고 실생활 예문의 직접적 관찰을 통해서 각각의 연구대상을 조사한다. 개별 텍스트 또는 코퍼스의 선택은 조사에 적합한 것이 무엇인가에 대한 고정된 정의에 의해 결정되는 것이 아니라, 주로 적어도 초기에는 합의된 기준 및 외적 분류들에 근거한다 (번역 분야 최근의 기술적인 연구를 살펴보기 위해서는 van Doorslaer 1995를 참고하라). 더욱이, 양 접근법은 경험적 증거에서 도출한 일반화 결과들은 개별 예문이 아닌 광범위한 텍스트 모음의 연구에 기초를 둘 경우에만 가치가 있음을 지지한다. 끝으로, 그들 각각의 연구대상과 관련된 원리들은 체계적인 연구에 의해 발견되며 규범적 선언보다는 확률적 행위규칙으로 표현된다.

　　Toury의 모형을 형성하는 원리들과 코퍼스언어학을 형성하는 원리들 사이에는 상이점들도 있다. 코퍼스언어학자에게는 이론, 자료, 기술 및 방법론 사이에 명확한 경계가 없지만, 반면에 Toury에게는 이러한 요소들은 상호작용하지만 4개의 별개의 개념들이다. 이론은 무엇이 확률적으로 가능성이 있는가 뿐만 아니라 무엇이 번역상으로 가능한가를 진술하는 별도의 기능을 가진다. 그러므로 이론은 독립적인 가설의 원천으로서 그리고 또한 변역행위의 자료기반 확률 모형의 생성기로서의 두 역할을 한다. 더욱이, DTS는 분석방법이 경험적이고 기술적이며 번역학 분야 내부로부터 고안된다면 다양한 분석방법들을 수용한다. 그러므로 방법론은 연구대상이 방법론 자체에 의해 만들어지는 코퍼스언어학의 경우에서와 같이 DTS의 정의에서 필수적 부분이 아니라 DTS의 또 하나의 다른 차원으로 간주된다. 더구나 코퍼스언어학 연구의 목표가 언어의 3가지 요소인 기능, 의미 및 형태간의 상호작용을 밝히는 것이므로, 유일한 합법적 자료는 실생활의 구어 및 문어 텍스트들이다. 언어 사용자의 "블랙박스(black box)"에 관한 어떠한 형태의 실험연구도 이 학문영역에 속하지 않으며, 역사적 정보, 서평, 비판적 평가 또는 인터뷰와 같은 언어 외적 자료들에 관한 연구도 역시 그렇다. 반면에, Toury의 모형에서는 DTS의 목표가 번역의 기능, 산품 및 과정 간의 일방향성 관계를 탐구하는 것이기 때문에 원고, 인쇄본, 수정교정본에 의해 밝혀지는 번역자의 "중간 결정"에 관한 연구와 산품 및 과정에 관한 연구는 DTS를 특징짓는 경험적인 접근법과 일치하고 적절하다고 간주된다. 특히, 실험적 방법들은 "변인의 상대적 통제력" 및 "높은 복원율"을 제공한다고 칭송된다 (Toury 1995: 222). 더욱이, 코퍼스언어학에서와는 달리 DTS에서는 번역 행위를 지배하는 규범들을 발견하기 위한 언어 외적 자료들에 관한 연구가 허용된다.

마지막으로, Toury가 보기로는, 번역학의 궁극적인 목표는 사실들과 부분적 이론들의 축적을 기초로 하여 일반적 이론을 형식화하는 것이다. 코퍼스언어학에서는 부분적 이론들을 정교화하는 일은 그것들이 언어사용의 이질성과 역동성을 반영하기 때문에 그 자체로서 가치가 있는 것으로 여겨진다.

DTS와 코퍼스언어학 사이에 존재하는 유사점들을 바탕으로, 번역학자들이 번역의 보편소, 규범 및 최종 목표텍스트에 이르는 과정의 중간 단계들과 같은 번역의 본질과 관련된 근본적인 이론적 문제들을 탐구하기 위해서는 코퍼스언어학에 의해 개발된 방법론을 사용해야한다고 제안하는 것은 이론적으로 타당하다 (Baker 1993; 1995; 1996을 보라).

이와는 반대로, DTS와 코퍼스언어학 사이의 다양한 차이점들은 코퍼스기반 방법론이 기술번역학 분야로 간단하게 전이될 수 없으며, DTS 내부로부터 고안되어 정당화된 가설들을 점검하는데 결실있게 적절히 응용될 수 있도록 정교하게 수정될 필요가 있다고 주장할 근거를 제공해 준다.

2.3 코퍼스: 번역학의 새로운 방법론

Mona Baker는 규범적 관점보다는 기술적 관점에서 번역의 산물과 과정을 연구하기 위해 코퍼스언어학의 분석도구를 이용하자는 아이디어를 처음으로 제안하였다. Gideon Toury가 기술번역학의 아버지로 정당하게 여겨진다면, Mona Baker는 코퍼스기반 기술번역학의 어머니라는 호칭을 받을 만하다. 1993년에 출판된 논문에서 Baker는 원전텍스트 및 번역텍스트 모두의 대단위 코퍼스를 이용할 수 있는 것은 코퍼스기반 방법론의 발달과 아울러 문헌에서 번역의 보편소로 알려진 것에 관한 연구를 통해 번역학자들이 "중재된 의사소통 사건으로서의 번역된 텍스트의 본질"을 밝힐 수 있게 해 줄 것이라 예측하게 해준다 (Baker 1993: 243). 번역의 보편소라는 용어는 원전텍스트 보다는 번역에 전형적으로 나타나는, 번역 과정과 관련된 특정한 언어 쌍들의 영향으로부터 독립적인 언어 특성들을 가리킨다. Baker가 논의한 보편소들은 다음과 같다.

- 응집성의 전이 형태로의 명시화 (Blum-Kulka 1986), 높은 잉여성의 형태로 목표언어 텍스트에서 그리고 통사층위에서 추가 정보의 삽입 (Baker 1992)
- 중의성 해소와 단순화 (Vanderauwcr 1985: 97-8)
- 문어 번역 (Vanderauwera 1985: 93) 및 통역에서의 (Shleslnger 1991: 50) 텍스트적 관행성
- 원전텍스트에 나타나는 반복의 회피 (Shlesinger 1991: Toury 1991a)
- 목표언어의 특성들을 과도하게 표현하려는 경향 (Toury 1980: 130; Vanderauwera 1985: 11)

– 번역된 텍스트 대 원전 텍스트 그리고 목표언어에서의 원전 텍스트들 속에서 어휘항목들의 특정한 분포 (Shamaa 1978: 168-71).

번역된 텍스트들에 특정적인 이러한 유형들의 확인은 "번역은 무엇이며 어떻게 작용하는가"를 밝히는데 크게 기여할 것이라고 Baker(1993: 243)는 주장한다. 또한 그것은 번역학이 한 개의 단순한 연구분야에서 자체의 방법론과 분명히 정의된 연구대상을 가진 충분히 성장한 학문분야로 발전하는데 심대한 영향을 미칠 것이다.

같은 논문에서 Baker(1993: 236)는 "코퍼스기반 연구를 향한 움직임을 뒷받침해 주는" 번역학의 발전들을 간략히 설명한다. 첫째는 문법구조 및 의미구조의 형태적 대응관계로 간주되는 등가성(equivalence)이라는 정적인 개념을 원전과 목표 텍스트 간의 기능적 등가성이라는 동적인 개념으로 교체한 것이다. 이러한 등가성의 대체 개념은 분석의 초점을 원전텍스트 대 목표 텍스트로부터 목표언어 텍스트 유형 및 번역된 텍스트로 현저하게 전이하였다. 코퍼스기반 연구를 뒷받침하는 것으로 생각되는 또 하나의 발전은 의미가 독립적인 변인이 아니라 특정한 상황적 언어적 맥락에서 발생한다는 주장이다 (Firth 1968:91; Haas 1968: 104; Baker 1993: 236-237에서 인용). 이러한 입장은 등가성의 개념을 의미론적 의미보다는 용법과 연결시킨다. 그러면 용법에 관한 연구는 방대한 양의 진정한 원전텍스트들과 그들의 번역에 대한 분석을 요구한다.

코퍼스 작업을 뒷받침해주는 또 다른 중요한 발전은 문학연구 및 번역연구에서 다체계(polysystem) 이론의 영향이 점점 증대하는 점이다. 70년대 후반에 Even-Zohar에 의해 고안되고 그 후에 80년대와 90년대에 Toury에 의해 발전된 이 이론은 번역문학은 다체계의 목표언어 문학 전체를 구성하는 공동체계들, 예를 들면, 아동문학과 성인문학과 상호작용하는 독자적인 체계로 간주한다. 이러한 새로운 믿음으로 인해 약간의 근본적 변화들이 일어났다. 개별 원전텍스트 대 그들의 번역에 관한 전통적 분석으로부터 벗어나 많은 수의 번역된 텍스트들의 연구로 전이되었다. 우선 그 번역된 텍스트들은 수혜문화의 문학적 규범과 언어에 영향을 줄 수 있는 "목표언어 발화들"이라 여겨진다 (Toury 1985: 19; Baker 1993: 239에서 인용). 둘째로, 이 이론은 번역이 파생적 행위라기보다는 창조적 행위로서 원전텍스트를 목표문화에 처음으로 적응시키는 과정과 관련된다고 주장한다. 마지막으로, 다양한 조사연구를 수행하는 기초로서 규범의 개념이 제안되어 사용되었다. 규범은 주어진 문화 속에서 특정한 시간에 번역가들이 수행하는 체계적인 선택들이다. 이 개념은 역사적 및 문화적 변이를 가정하며 원전문화 보다는 목표문화를 지향한다. 그 개념은 더 이상 규범적이고 절대적이 아닌 기술적이며 사회문화적으로 결정되는 등가성의 새로운 개념을 형성한다.

지금까지 간략히 설명된 모든 변화는, Baker에 의하면, 번역학의 응용분야, 예를 들어, 기계번역 및 번역비평에서 뿐만 아니라, 가장 중요하게도, 번역학의 순수분야에서도 코퍼스기반 연구를 발전시키는데 이상적인 조건들을 제공해 준다. 바로 이 순수분야에서 Baker는 코퍼스언어학의 기술들을 번역의 보편소, 주어진 사회문화적 맥락에서 번역행위를 제약하는 "운용상의 규범" (Toury 1978: 87; Baker 1993: 246에서 인용함), 번역과정의 중간단계, 번역단위의 크기와 본질, 그리고 등가성의 본질 및 한계 등의 다양한 문제들을 연구하는데 적절히 활용하자고 제안한다.

추후의 논문에서 Baker(1995)는 이러한 일반적 제안들을 발전시켜 (병렬코퍼스, 이중/다중어 코퍼스, 비교코퍼스와 같은) 서로 다른 유형의 코퍼스들을 설계하고 분석하는 것을 포함하여 특정한 연구프로젝트들을 위한 일련의 구체적인 제안들을 제시하였다. 텍스트의 생산과는 질적으로 다르므로 단순히 "한 언어의 (원전언어의) 텍스트 자료를 다른 언어의 (목표언어의) 해당 텍스트 자료로 교체하는 것"으로 축소될 수 없다고 간주되는 (Catford 1965: 20, Baker 1995: 233에서 인용함) 번역의 **본질 자체**를 밝히는데 최대의 잠재적 능력을 제공할 것으로 Baker(1995: 240)가 인정하는 것이 바로 비교코퍼스이다.

Baker의 정의에 의하면, 비교코퍼스는 동일한 언어로 된 2개의 별개의 모음으로 구성된다. 즉 하나는 원전텍스트로 구성되고, 다른 하나는 1개 이상의 원전 언어에서 나온 번역들로 구성된다. 더욱이, "이 두 코퍼스는 포함하는 영역, 언어변이, 시간범위에서 유사해야 하며, 길이에서도 서로 비교 가능해야 한다. 번역 코퍼스는 원작가나 번역가의 범위에 있어서도 대표성이 있어야 한다" (Baker 1995: 233).

필자가 아는 한, 1995년까지 영어로 출판된[1] 문학에서, Baker의 정의에 맞는 전산화된 코퍼스의 유일한 예는 Gellerstam(1986)의 코퍼스인데, 이 코퍼스는 스웨덴어로 된 75개의 소설을 담고 있다. 그들 중 절반은 원전들이며 나머지 절반은 다른 언어로 대부분 영어에서 번역된 것들이다. Gellerstam 프로젝트의 주된 목표는 스웨덴어의 번역어투(translationese)를 연구하는 것이다. 그것은 대조분석과 번역비평의 영역에 속한다.

Baker(1995: 235)가 제안하는 것은 이와는 반대로, "번역된 텍스트에 제한되거나 아니면 원전보다는 번역된 텍스트에 현저하게 높거나 낮은

---

1) 아랍어-영어 번역 및 원전 영어 비교 텍스트로 된 Al-Shababd의 코퍼스가 1994년에 만들어졌지만, 그의 연구에 대한 영어번역은 2년 후에야 비로소 출판되었다 (Al-Shabab 1996).

빈도로 나타나는 유형들"을 확인하기 위해 비교코퍼스를 활용하자는 것이다. 이 유형들은, 예를 들어, 원전 영어텍스트에 비해 번역된 영어텍스트에서 간접화법 구조에 선택적인 *that*이 과다하게 사용된 것과 같이, 국부적인 것일 수도 있고, 또는 낮은 유형/실현(type/token)의 비율2) 또는 낮은 어휘밀도(lexical density)3)와 같이 전체적인 것일 수도 있다 (Baker 1995: 235-8). 선택적 *that*의 상대적으로 높은 빈도수는 번역된 텍스트의 명시화의 양상으로 간주될 수 있으며, 반면에 낮은 유형/실현의 비율과 낮은 어휘밀도는 각각 어휘적 단순화 및 문법적 단순화의 특성들로 간주될 수 있다.

2.4 코퍼스기반 접근법: 새로운 패러다임의 출현

처음에는 코퍼스언어학이 번역학과 번역작업에 미치는 영향은 주로 더 효과적이고 응집성 있는 방법론의 관점에서 고려되었다. 그러나 우리는 Baker의 초기 논문들에서도 이 접근법을 자체적으로 독립된 새로운 패러다임으로 선발해내는 몇 가지 요소들을 확인할 수 있다. 코퍼스기반 번역학은 연구대상과 관련하여 목표 중심적이고 기술번역학(DTS)과 강한 연관성을 가지고 있다. 동시에 그것은 언어적 관점의 통찰력과 분석도구에 의존하는 방법론을 제시한다. 90년대 전반기는 순수 코퍼스기반 번역학의 태동기였다. 이론적으로도 풍성하고 아이디어, 가설 및 제안들로 넘쳤던 Baker의 논문들(1993; 1995)은 많은 젊은 학자들에게 영감을 주었으며 세계의 여러 지역에서 일관된 여러 프로그램을 촉진시켰다. 이 연구

---

2) 이것은 텍스트 속의 서로 다른 단어의 수 대 실제 나타나는 단어의 수의 비율, 즉 사전적 단어 수 대 개별적 단어 수의 비율이다.

3) 이것은 텍스트 속의 어휘적 단어 즉 내용어의 수 대 문법적 단어의 수의 비율이다.

들 중 일부는 이론적 문제들을 다루지만 대부분은 기술적이다.

　　최근에는 코퍼스기반 접근법이 더욱 발전되어 번역가 교육에 응용되고 있으며, 여기서는 실험적 경험적 연구가 학생들 번역의 질을 향상시키기 위해 코퍼스를 설계하고 만들고 탐구하는데 학생들을 직접적으로 관여시키는 혁신적인 교육 프로그램과 제휴한다. 훨씬 소규모이기는 하지만, 코퍼스는 또한 문학번역가들의 작업을 쉽고 세련되게 만들 목적으로 연구개발되기도 하였다. 연구의 성장 및 다양성은 코퍼스기반 번역학을 더 이상 단순히 혁신적인 방법론이나 새로운 관점으로만 간주할 수 없을 정도이다. 이제 그것은 번역학 내부의 기본이론적, 기술적 그리고 실제적 문제들을 언급하는 통일성 있는 복합적인 풍부한 패러다임이다. 이제 논의의 방향을 돌려 코퍼스기반 번역학의 3가지 주요 분야인 가설 및 이론적 개념들의 정교화, 경험적 연구결과 및 응용의 분야에서 수행된 연구들을 분석하고 논의하고자 한다.

3.

코퍼스기반 번역학: 이론

이 장에서는 코퍼스기반 번역학 내부에서 제안된 가장 중요하고, 고무적이며, 균형이 잘 잡힌 이론적 진술 및 의견이라고 간주될 수 있는 것들 중의 몇몇을 살펴 볼 것이다. 그것들은 코퍼스를 통해 번역의 산물과 과정을 연구하는데 대한 이론적 근거 및 동기에 관한 것이다. 그것들은 또한 연구대상의 정의 및 조사방법의 평가에 관한 것으로 접근법 전체의 성공 및 신뢰도와 중요한 연관성을 가진다.

3.1 왜 코퍼스를 통해서 번역을 연구하는가?

Baker가 번역연구를 위해 코퍼스를 사용할 것을 처음으로 제안한 이후, 그녀는 이론적이고 방법론적인 문제들에 관해 성과 있는 논의들을 수행하고 토론을 개방적이고 생동적이도록 유지함으로써 코퍼스기반 연구의 최선봉에 서왔다. 1996년 발표된 논문에서 Baker는 코퍼스기반 번역학의 3가지 기본적 양상을 논의하는데, 즉 그것의 목표 지향적 접근법들과의 이론적 연결, 그것이 사용하는 독특한 방법론, 그리고 "자체의 산출의 목표, 압력, 맥락에 의해 형성된 특이한 의사소통 사건"으로 (Baker 1996: 175) 인식되는 번역의 특이한 언어적 본질을 연구하기 위한 이 방법론의 잠재적인 능력이 바로 그것이다. 이론적 가정과 관련하여, Baker(1996: 176)는 코퍼스기반 연구는 "번역이, 어떠한 종류의 텍스트 산출과 마찬가지로, 자신의 직접적인 맥락의 압력에 대한 반응으로 발전되며 특이한 집합의 텍스트 유형들에 의존한다"는 점을 인지하고 있다고 지적한다. 코퍼스기반 번역학은 또한 원전텍스트에 비해 번역된 텍스트의 자율성이 점점 증대되는 방향으로 발전해 가는 전반적인 경향을 나타낸다. 방법론에 관해서 Baker는 번역학에서 기술적 연구의 요구에 특정적인 코퍼스 설계 기준과 가설들을 정교하게 만드는 일이 중요하다고 역설하였다. Baker의 주장에 따르면, 번역 텍스트 산출의 특정성은, 문헌에서는 전통적으로 번역의 보편소와 관련지어 표현되었는데, 적어도 두 가지 조건이 충족된다면 효과적으로 연구될 수 있다. 첫째는 코퍼스 속에 포함될 텍스트의 선정, 습득 및 주석달기를 위한 명시적인 기준과 절차들을 정교화하는 것이다. 둘째는 단순화(simplification), 명시화(explicitation), 규범화(normalisation) 내지 보수주의(conservatism), 그리고 평준화(levelling out) 같은 번역 보편소들의 구체적 실현이라 생각되는 언어적 특성들에 관하여, 이러한 전면적이고 추상적 개념들을 운용성이 있고 증명할 수 있도록 만들기 위해, 정확한 정의를 내리는 것이다.

  추후의 논문에서 Baker는 번역 언어 또는 Frawley(1984: 169)가 정의를 내린 "제3의 기호체계(third code)"의 고유한 유형에 대한 이유들을 분석하였다. 한 가지 이유는 번역은 자립적인 텍스트라기보다는 파생된 텍스트라는 점이다. 다른 이유는 번역가들의 선택과 해결책은 그들이 산출하는 텍스트에 관한 인지된 사회적 지위에 의해 영향을 받는다는 점이다. 다시 말하면, 번역가들은 번역이 수용자측의 문화에서는 원전텍스트와는 다른 방식으로 받아들여진다는 점을 알고 있다. 더욱이, Baker는 번역 언어의 전형적인 특성들을 식별하기 위한 일관성 있는 코퍼스기반 방법론 개발의 중요성을 반복하여 지적하지만, 이 연구들을 단순한 언어적 기술로 제한하는 위험에 대해서는 경고한다. 그녀의 주장에 따르면, 코퍼스기반 연구의 궁극적 목표는 번역 언어에 규칙성이 존재하는데 대한 기저의 이유와 동기를 연구하는 것이어야 하며, 그것들은 예를 들어 목표문화에서 원전언어가 가지고 있다고 인지된 지위와 관련될 수도 있다.

더 최근에 Baker(1999)는 번역된 텍스트의 전형적인 언어적 특성들의 기저를 형성할 수 있는 몇 가지의 동기를 상세히 설명하였다. 예를 들면, 권위 있는 원전으로부터의 번역들은, Toury의 간섭에 관한 확률 법칙 (Probabilistic Law of Interference, Toury 1995: 278) 및 대표준화 법칙 (Law of Greater Standardization, Toury 1995: 268)에 따라, 소수 언어로부터의 번역들에 비해 목표언어의 전형적인 어휘통사적 특성들과 상대적으로 더 높은 수준의 일치를 보여준다.

원래의 목표언어에 비해 번역언어에 특이한 유형들이 존재한다는 것을 설명할 수 있는 다른 요인들은 다른 번역가들이 선호하는 전략들과 관련이 있을 수 있다. 예를 들면, "외국화(foreignizing)"의 해법들을 선호하는 경향이 있는 번역가들도 있는 반면에 자국화의 전략들을 채택하기로 선택하는 번역가들도 있다 (Venuti 1995). "제3의 기호체계"의 구체적인 특성들을 야기하는 주요 요소들을 타당하게 설명하기 위해서는,

Baker(1999: 8)에 따르면, 코퍼스언어학적 연구가 번역과정의 3가지 핵심적 양상인 "대중의 기대, 이론가의 가정 또는 주장, 전문번역가들의 실질적 실행" 사이의 상호작용을 연구하는데 초점을 두는 것이 중요하다. 이러한 틀 속에서는 언어적 증거의 축적은, 예를 들어, 번역가 자신들, 서평가, 필자, 번역이론가, 출판사 및 기금단체들이 제공하는 진술들에 의해 밝혀지는, 사회문화적 문제들과 요인들을 고려함으로써 풍부하게 된다.

인종학적 자료를 번역언어의 유형 연구에 융합함으로써 Baker는 텍스트기반 질문들에서 메타텍스트적 질문들로 나아가며, 그렇게 하면서 그녀는 번역학에서 언어적 접근법과 문화적 접근법의 상충되는 것 같이 보이는 관심사들을 중재할 수 있는 한 가지 방식을 보여준다. 그녀의 연구의 이러한 특별한 양상은 단순한 언어기술의 한계에 대해 Baker와 함께 유보적 입장을 취하던 Tymoczko(1998)에게서 환영을 받았다. 그녀는 소득 없는 불필요한 계량적인 연구를 통해 과학적 엄격함 그 자체를 목적으로 삼아 추구하는 위험에 빠지지 않도록 코퍼스기반 학자들에게 경고한다.

3.2 코퍼스를 통해서 무엇을 연구하는가?

Baker가 주로 코퍼스를 통해 번역 및 번역작업을 연구하는데 대한 정당성을 설명해주는 반면에, Halverson(1998)은 코퍼스기반 연구에서 합당한 연구대상을 이루는 것이 무엇인가에 관한 일관성 있는 정의를 제시하는 이론적 틀을 제공해준다. 그녀가 다루는 첫 번째 문제는 연구하고 싶은 번역된 텍스트들의 모집단의 표본으로서 일반 목적용 번역코퍼스의 대표성이다. 코퍼스 설계에서 대표성에 관한 건전한 기준을 설정하기 위해서는 모집단과 그것의 내부구조의 경계들을 명시하는 것이 중요하다고 Halverson은 주장한다. 이 두 가지 일은 모두 일관성 있는 이론적 대답들을 요구하는데, 그 대답들을 Halverson은 첫째 예에서는 번역학 분야 속에서 연구대상을 구성하는 것이 무엇인가에 관한 기존의 번역이론들에서 찾으려고 시도한다. 첫 번째 문제에 관해서는 그녀는 두 개의 상반된 진술을 발견한다. 한편으로는, 무슨 근거에서든 목표문화 속에서 번역이라고 제시되거나 간주되는 것은 어떠한 것이든 (Toury 1985: 20) 경험적 이론적 연구를 위한 합당한 자료라고 생각된다. 다른 한편으로는, 주로 심리언어학적 연구로부터의 증거를 기초로 전문적 번역은 번역된 작품들의 모집단을 형성하는 텍스트 배열 속에서 더 높은 지위를 누린다. 일반 목적용 번역코퍼스의 내부구조의 정의와 관련된 두 번째 질문에 대한 대답은 번역의 기능주의 이론들에서 만족스럽게 찾을 수 있는데, 이 이론들은 번역 시나리오의 세 핵심 역할자인 발기인, 고객 및 번역가 사이에서 협상되는 번역의 의사소통적 기능과 같은 목표텍스트들을 분류하는 내부 기준들을 기초로 하여 번역 텍스트들의 세부적이고 경험적으로도 올바른 유형들을 제공해 준다 (Reiss and Vermeer 1984; Nord 1991; 1997).

　　Halverson은 번역학을 위한 적절한 자료에 관한 현행의 정의 속에 내재하고 있는 모순을 대상 범주에 관한 고전적인 것과는 대립되는 원형 이론적 개념화를 제안하여 해결하고자 시도한다. 이 접근법에서는 목표 모집단은, 다만 산업화된 서구 국가 문화들에 대해서만 그렇지만, 중심부는 전문적 번역들에 의해 점유되는 반면에 주변적 위치들은 서로 다른 유형의 번역들의 묶음들, 예를 들면, 피교육생들이나 비전문적 번역가들에 의해 수행되는 것들이나, 또는 모국어나 상용어로 수행되는 것들과는 반대로 외국어로 수행되는 것들에 의해 채워지는 그러한 원형범주로 간주된다. 원형 내부에서 중심부와 주변부 사이의 관계는 그 범주에 속하는 요소들의 포함관계 또는 제외관계가 아니라 유사성의 관계이다. 그러므로 서로 다른 번역 집단들의 경계는 침투 불가능한 것이 아니다.

코퍼스기반 연구자에게는 이것은 번역 텍스트 모집단의 대표적인 표본으로 설계 의도된 코퍼스가 중요성과 관련성에서 정도의 차이를 보이고 모두가 적절한 연구대상으로 간주되는 하위코퍼스들의 배열로 구성될 것임을 의미한다. 그러나 원형들은 정의상으로 문화에 결속되며 그리고 그 내부 요소들이 지위에 있어 서로 다르다고 가정한다면 코퍼스기반 연구결과들은 주어진 코퍼스가 나타내는 특정한 목표 모집단의 범위를 넘어 일반화될 수 없다. Halverson은 이것이 원형적 해법을 채택할 때의 불가피한 결과라는 것을 알고 있지만 DTS 전체의 연구목표와 관련한 이론적 함축의미를 자세히 논의하지 않고 있다. 같은 책에서 이 접근법과 번역행위의 보편소 추구 사이에 존재하는 비양립성(incompatibility)을 지적한 사람은 Tymoczko(1998)이다. 필자의 견해로는, Halverson의 연구의 가치는 코퍼스기반 번역학에서 이론, 자료 및 방법론 사이의 내부적 통일성을 제공하고, 그리고 코퍼스기반 연구의 기초를 이루는 문화의 다양성과 역사적 배경들을 인정하고 존중하는 동시에 서로 다른 연구 프로젝트들에서 얻어진 연구결과들을 비교할 수 있고 서로 이해할 수 있게 만들기 위한 건전한 기준들을 수립하는데 있다.

3.3 코퍼스를 통해서 어떻게 번역을 연구하는가?

코퍼스기반 번역학자들이 사용할 수 있는 다양한 기법들의 범위와 잠재적 응용분야들에 관해 숙고하는 것은 코퍼스기반 번역학의 기저가 되는 이론의 중요한 부분이다. Malmkjær(1998)는 번역학자들 뿐만 아니라 대조언어학자들과 전산언어학자들에 의해 제안된 병렬코퍼스의 다양한 용도를 검토한다. 그 다음에 그녀는 특히 번역학 내부로부터 생기는 의문점들을 대답하려 시도할 때 이러한 유형의 연구가 제시하는 이점들과 어려움들을 분석한다. 그 이점들 중의 하나로 다량의 진정한 텍스트의 사용을 들고 있는데, 그러한 자료의 사용으로 인해 번역 규범을 밝히고 그리고 원전텍스트와 목표텍스트 사이에 발견되는 주어진 관계가 그 표본 코퍼스의 모집단에 의해 확립된 등가성을 대표하는 확률을 평가할 수 있게 된다. 더욱이, 진정한 텍스트들은 언어체계에 대립되는 언어사용에 있어서의 상이점과 유사점을 연구하고 싶어하는 대조언어학자에게는 매우 귀중한 자료가 될 수 있다.

Malmkjær는 번역학에서 병렬코퍼스의 사용과 연관된 두 가지 주요 문제점을 지적한다. 그 첫째는 분석도구로 일반적으로 사용되는 어구검색 결과(concordance lines)가 전체 텍스트의 특징들 및/또는 정보, 생각, 개념의 표현과 같은 의미론적 현상들을 연구하는데 충분한 언어 맥락을 항상 제공해 주는 것이 아니라는 점이다. 따라서 번역 행위의 일부 양상은 드러나지만 일부 양상들은 KWIC (Key Words in Context 문맥 속의 핵심어) 검색결과를 통해 접근할 수 없기 때문에 간과될 수 있는 위험이 존재한다. 둘째의 어려움은 병렬코퍼스가 각 원전텍스트에 대해 단 한 개의 번역만을 포함하도록 설계되어 있는 방식과 연관된다. 이것은 번역 현상의 중요한 양상, 즉 동일한 원전 작품에 대한 다양한 번역들 사이에 존재하는 차이점들을 숨길 수도 있다. 이 단점들을 바로잡기 위해, Malmkjær는 당연히 다량의 텍스트를 요구하는 규범지향 연구들을 1개의 원전텍스트와 최대한 많은 번역들로 구성되는 더 작은 규모로 세심하게 구성된 코퍼스로 보완하여 결과적으로 전체 텍스트에 대한 심층 연구가 수행될 수 있도록 할 것을 제안한다. 그녀는 텍스트들을 자세히 분석하기 전에 "신중하게 선정하여 읽어 들이라고 (또는 키보드로 입력하고, 다중 번역 코퍼스의 경우에는 필요하면 수작업으로 정렬하라고)" 권고한다 (Malmkjær 1998: 540). 이 2개의 서로 다른 방법론을 결합하는 데에는 2가지 이점이 있다. 첫째로, 규범-지배적 행위와 특유의 행위 모두를 밝혀낼 수 있기 때문에 연구결과가 더 풍성해 질 수 있으며, 둘째로, 소규모 코퍼스에서 검토된 개별 사례들에 비추어 대규모 코퍼스가 점검될 수 있다면 연구결과는 더 정밀할 것이다. Malmkjær의 주장에 의하면, 이러한 유형의 방법론은 대조언어학자와 번역학자 모두의 요구를 충족하여 그들을 상호 협력관계로 서로 가깝게 맺어준다.

그러나 이 방법론이 가지는 문제점 중의 하나는 동일한 원전텍스트의 서로 다른 번역본들은 오직 문학텍스트에서만 존재한다는 것이다. 더욱이, 각 번역본 사이에는 보통 상당한 시간 차이가 존재한다. 따라서 어떤 분석이라도 이 추가적인 시간 변인과 그것이 미칠 수 있는 영향을 고려해야 할 것이다.

Shlesinger(1998)은 반대로 코퍼스기반 방법론을 통역의 연구에 적용함으로써 생기는 어려움과 이점을 논의한다. 그런데 통역은 단순히 번역의 특정한 유형으로서가 아니라 자체의 산출 목표, 압력 및 맥락에 의해 형성되는 별개 양식의 언어 간의 처리과정으로 간주된다. Shesinger는 코퍼스의 도움을 받아 통역을 연구할 수 있는 두 가지 방법을 탐구한다. 그 첫째는 직접적이며 새로운 유형의 병렬코퍼스와 비교코퍼스의 설계를 포함한다. 그 둘째는 통역에 관한 실험적 연구에서 사용될 수 있는 자료의 추출을 위해 기존의 단일어 코퍼스를 사용하는 것으로 구성된다.

Shlesinger에 따르면 코퍼스기반 통역학의 발전을 지체시키는 주된 장애물은 통역된 원(raw) 발화의 발음표기 작업이 최근에 전산언어학 분야가 발전했지만, 여전히 비용이 아주 많이 든다는 점과, 그리고 다른 형태의 구어 설화와 대립되는 통역의 고유한 특징을 이루는 (운율과 박자와 같은) 주된 준언어적 특성들을 표시하고 쉽게 접근하는 것이 현재 불가능하다는 점이다. 이러한 불리한 점들에도 불구하고, Shlesinger는 Baker의 비교코퍼스의 개념을 확장하여 동일 언어로 된 3가지 별개의 텍스트, 즉 다양한 원전텍스트들에서 번역된 발화, 유사한 환경에서 산출된 원전 구어 텍스트, 그리고 유사한 환경에서 발화된 원전 구어 텍스트의 문어 번역의 모음으로 구성될 수 있도록 하자고 제안한다. 이러한 새로운 설계는 통역된 텍스트들을 별개의 구어 설화 조각으로서 연구할 수 있게 해줄 뿐만 아니라 통역과 문어번역을 구분시켜주는 유형들을 확인할 수 있게 해준다.

전통적인 병렬코퍼스 설계는 또한 Shlesinger에 의해 조정되어 3유형의 텍스트, 즉 원전언어 텍스트, 그것의 통역본, 그것의 문어 번역본을 포함한다. 이러한 종류의 코퍼스가 가지는 구체적인 이점은 그것이 통역된 출력의 언어-특정적이고 방향-특정적인 특성들과 아울러 그 특성들이 성별, 전문적 경험의 정도, 언어 배경과 같은 (물론 그것들이 코퍼스 설계의 일부로 별도로 기록된다면) 언어 외적인 요인들과 가지는 상호관계에 대한 연구를 가능하게 한다는 점이다. 더욱이, 문어 번역본을 이용할 수 있는 점은 양상-특정적인(modality-specific) 요인들을 확인할 수 있게 해준다.

마지막으로, 단일어 코퍼스는 또한 실험적 통역 연구에도 사용될 수 있는데, 여기서는 통역과정에 영향을 미치는 여러 변인들을 통제할 필요성과 생태학적 타당성의 요건 사이에 균형이 존재한다. Shlesinger에 의하면, 이 문제점은 대단위의 진정한 텍스트들로부터 추출된 입력자료를 생성함으로써 부분적으로 극복될 수 있다. 이러한 유형이 적용된 한 가지 예가 동시통역에서 작업 메모리가 작동하는 방식에 관한 Shlesinger 자신의 연구에 의해 제시되었다 (Shlesinger 2000). 이 연구에서는 후핵 (head-final) 언어인 영어의 180개 연속체가ー 각 연속체는 4개의 수식어와 1개의 명사로 구성됨ー16명의 헤브라이어-지배적인 통역가들에 의해 선핵 (head-initial) 언어인 헤브라이어로 통역되었다. 이 목표 연속체들은 전형적으로 회의에서 발견되는 장르에 속하는 텍스트에 삽입되었다. 단어길이, 단어빈도, 그리고 동족어(cognates)의 지위가 조종된 4가지의 실험이 수행되었다. 피험자들의 출력은 연속체의 보전상태 (유지된 수식어의 수) 및 정확성(오류의 수)에 대해 분석되었다.

이 연구에서 처음 제안되고 시도된 코퍼스기반 방법론은 약 1억 단어로 구성되고 (Burnad 1995), 현대영어의 문어 및 구어의 교차면을 대표하는 대형 코퍼스인 British National Corpus(BNC)를 사용하는 것으로 구성되었다. 목적은 상당히 높은 수준의 생태적 타당성을 달성하기 위해 진정한 발화를 추출하는 것이었다. BNC 전체를 검색하기 전에, 예를 들어, 시, 문학 산문 및 현저히 회화체이거나 방언체 구어 설화와 같은, 회의환경의 격식을 아주 벗어난 그러한 텍스트 범주들을 배제하고, 1개의 하위코퍼스가 선정되었다. 그 다음에, 연구와 관련되는 유형의 모든 연속체를 찾아내기 위해 일련의 검색작업이 수행되어, 4개의 수식어와 1개의 명사로 구성된 2,400개의 연속체가 검색되었다.

이 진정한 자료들의 사용은 생태적으로 더 타당했을 터이지만, 그것은 끝내는 실용성이 없는 것으로 판명되어, 4가지 이유로 배제되어야 했다고 Shlesinger는 진술한다. 그 이유들은 a) 연구자가 강제적으로 텍스트에서 들어내어 새로운 맥락에 삽입하여 진정한 자료를 사용하는 목적을 좌절시키는 그러한 해당 연속체들이 주어진 텍스트 속에 거의 없으며, b) 아주 높은 비율의 연속체들이 전문적 어휘나 특이한 언어관계로 구성되어 있으며, c) 모든 관련 변인들을 동시에 포함하고 있는 연속체는 하나도 없으며, d) 대부분의 텍스트들은 말하기보다는 읽기 목적으로 쓰여진 종류에 속한다는 것이다.

이 특정한 연구에서 BNC를 이용할 수 없었다고 해서 Shlesinger에 의해 제안된 코퍼스기반 방법론의 전체적인 유용성과 독창성이 손상된 것은 아니다. 그녀의 생각들은, 비록 이 예에서는 검증을 거쳐 배제되었지만, 다른 프로젝트에 적합할 수도 있다. 혁신과 엄밀성은 코퍼스 작업의 연구대상을 다양화하고 실험적 연구와 경험적 연구의 통합 가능성을 탐구하는 장점을 가진 이러한 제안들의 특징을 이룬다.

4.

코퍼스기반 번역학: 연구결과

코퍼스기반 번역학은 전 세계적으로 매우 심사숙고된 프로젝트들에 정보를 제공하고 분야 내부의 수많은 요구와 관심을 조화시키는 잠재력을 가지고 있다고 진정으로 믿는 열성적인 학자들을 점점 더 많이 유인하고 있는 대표적인 연구분야이다. 이 분주한 학문분야의 헌신과 생동성은 지난 수년간 수행된 연구들의 다양성에 의해 충분히 증명된다. 그러나 코퍼스 연구자들은 또한 자기들의 연구모형이 제시하는 특유한 도전들을 정확히 알고 있다. 바로 이 때문에 방법론, 경험적 연구결과들과 그들의 응용간의 관련성, 그리고 또한 번역과 번역작업에 관한 우리의 지식을 확장하기 위한 시사점들과 관련한 다양한 양상들에 관하여 코퍼스 연구 자체의 내부로부터 많은 생산적이고 건전한 비판들이 제시되었다. 연구 대상, 연구방법 및 체계적인 코퍼스기반 연구를 수행하는 동기에 관한 문제들에 대해 코퍼스 이론가들이 제시한 관찰의견들과 제안들 일부를

이미 검토하였다. 여기서는, 코퍼스연구가 제공하는 경험적 증거를 검토
하고 평가하기 전에, 우선 연구모형의 근본적인 측면, 즉 연구대상의 정
의 및 구성을 중심적으로 살펴보고자 한다.

4.1 번역학을 위한 코퍼스의 유형

2.1에서 설명한 바와 같이, 코퍼스에 관한 두 주요 정의는 코퍼스언어학
에서 제시되었다. 코퍼스는 일반적으로 텍스트들의 모음 또는 언어조각
들의 모음이라고 정의된다. 이 두 정의는 모두 코퍼스의 중요한 특성, 즉
명시적인 설계기준에 따라 조합된 텍스트들(완전한 텍스트들 또는 텍스
트 발췌들)의 표본임을 표현한다. 크게는 이 특성은 번역학의 코퍼스에도
역시 적용된다. 4.2에서 살펴보겠지만, 번역의 목적으로 설계된 코퍼스는
단지 두 작품, 예를 들면, 원전언어 텍스트와 목표언어 텍스트로만 구성
될 수 있다. 컴퓨터 코퍼스를 "원칙이 있는 방식으로 수집되고 전산처리
를 위해 만들어진 텍스트들의 모음"이라고 한 Johansson(1998: 3)의 정의
는 1개의 텍스트와 그것의 번역으로 구성되는 최소 규모의 이중어 병렬
코퍼스에서 전체 유럽 언어들을 나타내는 최대 규모의 다중어 코퍼스에
이르기까지의 모든 유형의 코퍼스를 나타내기에 더욱 적합한 것 같아 보
인다 (2.1절을 보라).

번역의 산품과 과정에 관한 연구, 번역가 훈련 및 대조언어학을 위
해 서로 다른 유형의 코퍼스들이 편찬되고 있는 중이다. 이 코퍼스들을
범주화하기 위해 사용된 용어들은 언제나 일관성이 있는 것은 아니다.
다음의 코퍼스 유형은 코퍼스언어학의 현행 유형들과 부분적으로 중복
되는데 (Atkins *et al.* 1992를 보라), 서로 다른 연구영역의 학자들이 자기

들의 연구대상을 기술하는 방식에서 일관성을 이루도록 하기 위함이다.

아래에 제시된 유형은 4개의 계층적 단계를 따라 구성되어 있다. 첫 단계는 텍스트 코퍼스의 가장 일반적인 특성과 관련 있는 6개 집합의 대조적 변인들로 구성되어 있다. 그 다음 단계들은 코퍼스기반 번역학의 기술 및 응용 분야에서 설계된 코퍼스 유형들에 해당하는 점점 더 구체적인 변인그룹들과 연관된다. 제안된 유형은 배타적이도록 의도되지는 않았다. 이 유형의 기능은 각 유형의 코퍼스가 다른 유형들과의 상호관계 속에서 기술될 수 있는 공통적인 틀을 제공하는 것이다. 그것은 또한 코퍼스의 일반적 특성들이 확립되는 코퍼스 설계과정 상의 첫 단계를 형성한다.

1) 1단계

코퍼스 유형: 전문텍스트 (FULL-TEXT)
　　　　　　표본
　　　　　　혼합 (전문텍스트 및 표본)
　　　　　　모니터

전문텍스트 코퍼스는 축소되지 않은 텍스트들을 포함하고, 반면에 표본 코퍼스는 표본의 크기, 전문텍스트 속에서의 위치, 그리고 선정방법에 관해 기술된 설계원칙에 따라 선정된 텍스트들의 부분들로 구성된다. 모니터 코퍼스는 진행 중 상태를 기초로 검토되는 전문텍스트들로 구성되며 이 코퍼스는 지속적으로 갱신된다.

코퍼스 유형: 공시적 (SYNCHRONIC)
　　　　　　통시적 (DIACHRONIC)

공시적 코퍼스는 제한된 시간 범위 내에서 만들어진 텍스트들을 포함하고, 반면에 통시적 코퍼스는 장기간에 걸쳐 만들어진 텍스트들로 구성된다.

　　　코퍼스 유형: 일반
　　　　　　　　　용어

일반 코퍼스는 일상적이고 비전문적인 언어를 대표하는 것으로 간주되는 텍스트들로 구성된다. 용어 코퍼스는 예를 들어, 반복적으로 나타나는 용어들이 빈번하게 사용되는 특징을 가지는 화학이나 지질학과 같은 전문화된 주제 영역들에서 비롯되는 텍스트들을 포함하고 있다.

　　　코퍼스 유형: 단일어
　　　　　　　　　이중어
　　　　　　　　　다중어

단일어 코퍼스는 1개의 언어로 만들어진 코퍼스를 포함하고 있다. 이중/다중어 코퍼스는 2개 이상의 언어로 만들어진 코퍼스로 구성되어 있다.

　　　코퍼스 유형: 언어별

예를 들면, 영어 코퍼스, 불어 코퍼스, 독일어 코퍼스 등이 있다.

　　　코퍼스 유형: 문어
　　　　　　　　　구어
　　　　　　　　　혼합 (문어 및 구어)

문어 코퍼스는 전적으로 문어 텍스트들, 즉 읽도록 쓰여진 텍스트들로 만들어졌으며, 반면에 구어 코퍼스는 말하도록 쓰여진 텍스트들을 포함하여 녹음된 구어 텍스트들로 구성되어 있다. Atkins *et al.* (1992: 7)가 지적하고 있듯이, 말하도록 쓰여진 텍스트들은 구어 텍스트와 겹친다. 그러므로 그것은 구어 양식 또는 전혀 별개의 부류로 간주될 수 있다.

2) 2단계

단일어 코퍼스 유형: 단일
                            비교

단일 단일어코퍼스는 모두가 동일한 언어로 된 텍스트들의 1개 집합으로 구성된다. 비교 단일어코퍼스는 1개 언어로 된 2개의 단일 코퍼스로 구성되는데, 하나는 번역 코퍼스이며, 다른 하나는 비번역 코퍼스이다. 그 두 코퍼스는, 유사한 설계 기준에 따라, 예를 들면, 텍스트 장르, 주제, 시간범위, 작가의 남녀배분, 독자층, 텍스트 당 평균 단어 수에 따라 만들어진다.

이중어 코퍼스 유형: 병렬
                            비교

이중어 병렬 코퍼스는 A언어로 된 1개 이상의 텍스트와 B언어로 된 그것(들)의 번역으로 구성된다. 이중어 비교 코퍼스는 A언어와 B언어로 된 2개의 원전텍스트들의 모음으로 구성된다. 그 두 모음은 일반적으로 텍스트 장르, 주제, 시간범위 및 의사소통적 기능 등에 있어 유사하다.

다중어 코퍼스 유형: 병렬
비교

다중어 병렬코퍼스는 다른 언어들로 된 1개 이상의 텍스트들과 다른 언어들로 된 그것(들)의 번역(들)로 구성된다. 다중어 비교코퍼스는 여러 언어들로 된 원전텍스트들의 모음들로 구성된다. 그 모음들은 유사한 설계 기준들에 따라 수집된다.

코퍼스언어학에서 '비교코퍼스'라는 용어는 일반적으로 동일한 주제 영역에서 수집한 2개 이상의 텍스트 집합들로 구성된 이중/다중어 코퍼스를 가리키도록 사용되며 (Sinclair 1991b; Teubert 1994; Peters and Picchi 1995), 반면에 '병렬코퍼스'라는 용어는 A언어로 된 원전텍스트들과 B언어로 된 그것들의 번역들로 구성된 코퍼스를 가리킨다. 그러나 번역학과 대조언어학에서는 용어사용이 언제나 일관성이 있는 것은 아니다. 일부 학자들은 그 두 유형의 이중어 코퍼스 모두를 나타내기 위해 '병렬코퍼스'를 사용하기도 하며 (Johansson and Hofland 1994; Hartmann 1994; Gellerstam 1996), 반면에 다른 학자들은 대조분석의 전통적인 전문 용어를 따라 (Aijmer *et at.* 1996; Granger 1996) '번역코퍼스' (A언어로 된 원전텍스트들과 B언어로 된 그들의 번역들)와 '병렬코퍼스' (A언어와 B언어로 된 원전텍스트들)를 구분한다.

지금 이 유형 분류에서 사용하는 용어는 코퍼스언어학에서 사용된 것과 일치한다.

3) 3단계

단일 코퍼스 유형: 번역
비번역

번역 코퍼스는 주어진 언어로 번역된 것으로 "가정되지는" 않지만
(Toury 1995: 31-32) 알려진 텍스트들로 구성된다. 비번역 코퍼스는 주어
진 언어로 된 원전텍스트들로 구성된다.

이중어 병렬코퍼스 유형: 일방향
양방향

이중어 일방향 병렬코퍼스는 A언어로 된 1개 이상의 텍스들과 B언어로
된 그것들의 번역들로 구성되고, 반면에 양방향 병렬코퍼스도 또한 B언
어로 된 1개 이상의 텍스트들과 A언어로 된 그것들의 번역들로 구성된
다.

다중어 병렬코퍼스 유형: 단일원전언어
이중원전언어
다중원전언어

단일원전언어 다중어 병렬코퍼스는 A언어로 된 1개 이상의 텍스트(들)과
2개 이상의 언어로 된 그것(들)의 번역(들)로 구성된다. 이중/다중원전언
어 다중어 병렬 코퍼스는 2개 또는 다른 언어들로 된 1개 이상의 텍스트
들과 2개 또는 다른 언어들로 된 그것(들)의 번역들로 구성된다.

4) 4단계

번역 코퍼스 유형: 단일원전언어
이중원전언어
다중원전언어

단일원전언어 코퍼스는 1개 원전언어로 번역된 텍스트들로 구성되어 있다. 이중/다중원전 언어 코퍼스는 2개 이상의 원전언어들에서 번역된 텍스트들로 구성되어 있다.

코퍼스의 번역본 구성요소는 번역작업의 양식(문어, 구어, 통역), 번역방법(사람번역, 기계번역, 컴퓨터보조번역), 번역방향(모국어로, 외국어로, 상용어로), 번역가의 신분(전문가, 피교육생), 번역의 지위(출판, 비출판) 등과 같은 다른 변인들을 기초로 더 세분될 수 있다.

코퍼스 유형 체계를 확립하는 것은 코퍼스기반 번역학에서 통일성 있는 방법론의 개발을 향한 아주 중요한 단계이다. 또한 코퍼스학자들의 작업의 중요한 부분은 채택된 연구방법의 실행가능성과 타당성을 검토하는 것이다. 일부 방법론적 문제들은 병렬코퍼스와 관련하여 Malmkjær에 의해 이미 언급되었다 (3.3절을 보라). 단일어 비교코퍼스에 포함토록 선정된 텍스트들 사이에 적절한 수준의 비교가능성을 달성하는 것은 비판적으로 검토된 또 다른 방법론적 측면이다 (Laviosa 1997; Kenny 1998). 이중/다중어 비교코퍼스 속의 2개의 원전텍스트모음 사이의 유사성뿐만 아니라 단일어 비교코퍼스의 번역 및 비번역 구성요소들 사이의 유사성은 이 코퍼스 유형들의 핵심적 특징이다. 그 두 텍스트 모음은 원칙적으로 그들의 언어적 차이들이 혼란스러운 변인들보다는 (단일어 비교코퍼스에서는) 그들의 번역 대 비번역의 지위나 또는 (이중/다중어 비교코퍼스에서는) 그들의 언어들에 확실히 기인될 수 있도록 하려는 시도에서 가능한 한 많은 점에서 유사해야 한다.

필자의 박사학위 논문연구의 일부로 편찬된 2백만 단어 다중 원전 언어 단일어 영어 비교코퍼스인 English Comparable Corpus(ECC)에서는, 번역(TEC) 및 비번역(NON-TEC) 텍스트들 간의 유사성은 설화산문들보다는 신문기사들에서 더 크게 나타난다. 그 이유는 첫째로 그 기사들이 동일한 신문에 나타나고 동일 독자층을 가진 것으로 가정될 수 있기 때문이다. 둘째로, 신문기사들은 각 기사당 평균 단어 수뿐만 아니라 신문섹션, 발간일, 주제, 작가의 성별 분포, 기사의 수와 같은 여러 기준에 부합하기 때문이다. 대조적으로, 설화텍스트들은 발간기간, 작가의 성별 분포에서만 유사하고 목표청중의 수준, 성별 및 연령에 따라 달라진다. 더욱이, 신문기사는 번역된 것이든 비번역된 것이든 모두 생략이 없는 완전한 텍스트인 반면에, 설화 비번역 작품들은 British National Corpus (BNC)에서 선정되었기 때문에 텍스트 발췌문들이다. 동일한 코퍼스 내의 다양한 수준의 비교가능성은 텍스트 장르 간의 본질적인 차이와 (설화 작품들에서 통일된 주제를 확인하기가 더 어렵다는 주장이 있음), 그리고 이미 기계로 읽을 수 있는 형태로 되어 있는 원전 설화 작품들에 의존했다는 사실에 기인한다. 이 두 요인의 결합은 주로 전체적이고 텍스트 외적 특징들만을 다루는 전기 및 소설에 대해서 최소 집합의 기준들을 제안하는 결과를 가져왔다. 특히 한 가지 기준은 주관적 평가 수준과 관련되어 있다. 이것은 목표청중의 수준인데, 이것은 NON-TEC 설화에 대해서는 텍스트의 인지된 어려움을 기초로 BNC 고안자들에 의해 평가되었으며, 반면에 TEC에 대해서는 필자 자신이 읽은 것을 기초로 스스로 평가하였다. 이러한 제약들 때문에, TEC 및 NON-TEC 설화 작품들 사이의 적절한 수준의 비교가능성을 모색하려는 필자의 시도는 문제가 있는 것으로 판명되었다. 대조적으로, 신문에 대해 제시된 비교가능성의 정도는 수적으로 크고 상대적으로 문제가 적은데, 이것은 번역 및 비번역 텍스트의 이용가능성이 크고 각 기사의 주제를 제목이나 소제목으로부터 아주 정확하게 확인할 수 있기 때문이다. 따라서 이 텍스트 장르로써 추구되는 비교가능성의 정도는 상당히 적합하다고 생각될 수 있다 (Laviosa-Braithwaite 1996a; Laviosa 1997) (4.2.2.1를 보라).

한편으로는 전기와 소설, 그리고 다른 한편으로는 신문 사이에 생기는 비교가능성의 차이는 영국뿐만 아니라 미국에서 출간된 다량의 소설과 전기를 포함하고 있는 대규모의 일반영어 전문(full-text) 코퍼스를 사용한다면 부분적으로 줄일 수 있다. 이것은 2가지 추가적인 차원인 텍스트범위와 출판장소의 차원에서 비교가능성을 확실하게 해 줄 것이다. 더욱이, 만약 코퍼스 편찬자가 외적 범주화에 따라 처음에 분류된 원전 작품들을 읽은 다음에 언어의 난이도 수준, 의도된 목표 청중 및 문체와 같은 일반적 기준들을 기초로 그것들의 유사성을 평가하도록 하여 모집단 코퍼스를 만드는데 책임이 있는 팀이 제공한 분류를 자기 자신의 인상으로써 보완할 수 있도록 한다면 적절한 텍스트의 선정은 정밀해질 수 있을 것이다.

설화 작품들로 된 단일어 비교코퍼스의 설계는 또 다른 일반적인 문제점을 제기한다. Kenny(1998: 53)에 의하면, 새로운 텍스트 장르들이 한 문학에서 다른 문학으로 소개되는 것은 번역의 본질이며, 그 경우에 다른 텍스트적 전통으로부터의 번역과 비교 가능한 텍스트가 주관문학에 전혀 없을 수도 있다. 예를 들어, 출판되는 문학 전체의 약 90%가 번역된 문학인 브라질과 같은 나라에서는 설화 텍스트들로 구성된 대표성이 있고 균형이 잡힌 단일어 비교코퍼스를 설계하는 것은 문제가 될 수 있다 (Magalhães 2001). 사용빈도가 적은 언어들에서는 이 어려움은 문학 장르에 국한되지 않고 전반적인 언어사용에 적용될 수도 있다. 예를 들면, 아일랜드 게일어(Irish Gaelic)로 된 많은 비문학적 텍스트 유형은 주로 영어에서 온 번역들이다. 번역정책의 영향은 핀란드어의 다중원전언어 단일어 비교코퍼스인 Finnish Comparable Corpus의 설계에도 영향을 미쳤는데, 이 코퍼스는 Anna Mauranen의 지휘 하에 Savonlinna School of Translation Studies에서 편찬 중에 있다. 자연과학 분야의 학술적 텍스트 들은 그 코퍼스에서 제외되었는데 그 텍스트 장르가 핀란드어로 자주 번역되지 않기 때문이다 (Mauranen 2000).

이것은 양방향 병렬코퍼스의 편찬에도 영향을 미친 문제이다. 예를 들면, 영어-노르웨이어 병렬코퍼스(English-Norwegian Parallel Corpus: ENPC)의 설계를 위한 텍스트의 선택은 노르웨이어로는 많은 다양한 텍스트 유형들이 번역되었지만 노르웨이어에서 영어로 번역된 것들은 훨씬 적었다는 사실 때문에 제한을 받아 왔다 (Johansson & Hofland 1994; Johansson 1998). 새로운 양방향성 영어-이태리어 코퍼스(CEXI)의 설계자들도 또한 이러한 문제점들을 직면하고 있는데, 이 코퍼스는 Guy Aston의 지휘 하에 Forli의 Scuola Superiore di Lingue Moderne per Interpreti e Traduttori(SSLMIT)에서 현재 편찬 중에 있다. Zanettin(2000)은 그 프로젝트를 실현하는데 직면하는 방법론적 어려움들을 노출시켜 자세히 논의한다.

CEXI는 3개국(이태리, 영국, 미국)에서 출간된 두 언어 영역, 즉 소설과 비소설을 대표하도록 의도되었다. 이태리에서는 소설 3권 중 1권은 영어번역이지만, 반면에 영국과 미국에서는 소설번역은 전체적으로 총 출판물의 2-3%를 차지하며 그 중에서도 이태리어로부터 번역된 것은 아주 작은 퍼센트를 차지한다. 번역된 문학의 구성도 또한 다르다. 이태리에서는 베스트셀러와 인기소설인 연애 및 탐정 이야기가 번역서들 중에서 현저하게 두각을 나타내지만, 영국과 미국에서는 이태리어에서 번역된 작품들은 일반적으로 고답적이고 난해한 작품들에 국한된다. 정보제공 텍스트들도 역시 각각의 번역 출력에 있어 불일치를 보인다. 종교 및 예술 서적들은 대부분 이태리어로부터 번역되어 온 것들이지만, 응용과학, 정도는 덜하지만, 교육, 법률 및 사회과학은 영어로부터 번역되는 경향이 있는 지식영역이다. 두 언어에서 번역서들의 모집단에 있어서의 불균형으로 인해 불가피하게 코퍼스의 번역 구성요소가 영어 및 이태리어 번역 출력의 대표적 표본인 그러한 코퍼스를 만들게 된다. 그러나 그 코퍼스의 원전 구성요소는 각 목표언어의 화자들이 자기들의 모국어로 번역되고 있는 것을 기초로 하여 원전 언어 및 문화에 대하여 형성할 수 있는 이미지를 나타낼 수 있을 뿐이다.

영어 및 이태리어의 두 언어 사회의 번역시장에 내재하는 불균형은 각 언어의 번역본 및 원전 구성요소 모두에 대해 이러한 종류의 코퍼스에서 달성될 수 있는 비교가능성의 수준에 영향을 미친다. 그렇게 되면 그것은 우리가 수행할 수 있는 비교분석들을 제한하게 된다. 그러한 상태는 사회문화적 요인들이 건전한 코퍼스기반 방법론의 발전을 분명히 저해하기 때문에, 그 요인들은 초기의 연구가설들을 만들거나 연구결과들에 대한 가능한 설명을 제시할 때뿐만 아니라 설계단계 동안에도 고려될 필요가 있다는 점을 상기시켜 준다. 연구과정의 이 중요한 시점에서는 값있는 "원(raw)" 자료 원천들을 창출하는 데 상당한 양의 노력이 투여된다. 이 자료들은, Chesterman & Arrojo(2000: 152)가 주장하듯이, 연구자의 의도와 관점에 따라 항상 궁극적으로 "획득되는 (taken)" 것이 아니라, 경험적 연구의 기본적 규칙들에 따라 납득할 수 있는 수준의 타당성과 신뢰성을 달성하려고 한다면 사실상으로 적어도 어느 정도까지는 "주어지는 (given)" 것이라고 필자는 주장하고 싶다.

4.2 경험적 연구결과

코퍼스에 기반을 둔 경험적 연구는 점점 더 다양해지고 있다. 초기에는 번역어의 주요 보편적 특성들에 대한 연구와 언어적 전이(shifts)에 초점을 두었으나 최근에는 전문 번역가들의 문체와 번역어의 이념적 영향과 같은 보다 광범위한 문제들을 탐구하기 시작하였다. 다음 절에서는 새로운 진전을 보여주고 번역이 언어학적으로 그리고 문화적 관점에서 무엇을 함의하는지에 대한 이해에 크게 기여한 몇몇 코퍼스기반 연구들을 살펴볼 것이다. 그 목적은 세 가지인데, 첫째는 기술적 코퍼스기반 번역학이 차지하는 영역을 자세히 논의하고, 둘째는 이 연구들이 이룬 진전을 이전 연구와 대비하여 확인하고, 셋째는 이론과 기술 사이의 상호관계를 조명하는 것이다.

4.2.1 번역의 보편소: 코퍼스 출현 이전

번역의 보편소는 전형적으로 번역된 텍스트들에 나타나고 한 언어의 다른 언어에 대한 간섭의 결과라기보다는 두 언어들 간의 중재과정의 필연적인 부산물로 간주되는 언어적 특성들이다. 이것은 최근의 정의이지만 (Baker 1993), 그러한 현상의 존재에 대한 약간의 증거를 제공해 주는 연구들은, 나중에 설명하겠지만, 코퍼스시대 이전에 수행되었다. 번역의 보편소라는 개념은 번역된 텍스트의 언어에 관해서 Frawley(1984)가 제안한 "제3의 기호체계"라는 개념과 밀접한 관련성이 있다. 그의 주장에 의하면, 이 언어는 독자적인 기호체계로서 "자체의 표준들과 구조적 전제/함의들을 설정한다" (Frawley 1984: 169). 그런데 그것들은 원전언어 및 목표언어의 대립에서 비롯된다. 이 두 개념은 모두 설명적 또는 평가적이라기보다 기술적이며, 원전텍스트 대 목표텍스트에 관한 관찰들을 기초로 직관적으로 제안되었다. 번역학 문헌에서 연구된 3가지 주요 보편소는 단순화(simplication), 명시화(explicitation) 및 규범화(normalization)이다. 코퍼스가 제작되고 분석되기 전에 수행되었던 보편소에 관한 중요한 전통적 연구들 일부를 지금 살펴보고자 한다.

4.2.1.1 단순화

번역상의 단순화 과정을 검토하여 증거를 제시하는 첫 경험적 연구들 중의 하나는 Blum-Kulka & Levenston(1983)에 의해 수행된 히브리어-영어 번역에 관한 분석이다. 그들은 5개의 주요 전략들을 확인하여 경험적 지료를 가지고 예시하고, (a) 원전언어 및 목표언어 간의 어휘적 문화적 차이, (b) 번역가의 원전언어에 대한 충실성, (c) 번역의 특정한 기능의 관점에서 설명한다. 지금부터 이 전략들을 하나씩 필자들이 제시한 설명들과 함께 살펴보도록 하겠다.

첫째로, 원전언어 하의어(hyponyms)를 번역하기 위해 목표언어 상의어(superordinates)를 사용하는 것은 히브리어와 영어 사이에 "의미적 공백(semantic voids)"이 존재하는 것으로 설명된다. 예를 들면, 이름이 알려지지 않은 사람을 가리키는 단어 *almoni*는 영어에서는 등가어가 없어서 더 일반적인 단어 *man*으로 번역되었다 (Dagut 1971: 85; Blumkulka and Levenston 1983: 127에서 인용함). 둘째로, 원전언어 단어가 표현하는 개념을 원래 의미 모두를 가지지 않는 목표언어 표현을 통해 대략적으로 나타내는 것은 그 두 언어에 문화적으로 상응하는 용어가 없는 결과라고 생각된다. 히브리어 단어 *hupa*(혼례용 덮게)는 주어진 맥락 속에서 특정한 종교적 문화적 연상을 가지는 결혼의 개념을 가리킨다. 영어에서는 *hupa*가 일반적인 단어 *canopy*로 번역되거나, 또는 결혼행위를 가리키지만 종교적 함축의미는 전달하지 않는 표현으로 번역되었다. 셋째로, 자주 사용되지 않는 목표언어 단어들 대신에 친숙한 목표언어 동의어들을 선택하는 것은 대중용 성경번역에서 발췌된 자료들에서 그 예들을 찾아볼 수 있는데, 이 작품들의 명시적인 목표, 즉 더 높은 정도의 가독성(readability)을 이루려는 것으로 설명된다. 이들 번역에서는 *remained*보다는 *stayed*가, *chanced*보다는 *happened*가, *fetters*보다는 *chains*가 선호된다 (Wonderly 1968; Blum-Kulka and Levenston 1983: 130에서 인용함).

그러나, 필자의 견해로는, 이러한 유형의 증거는 번역 일반에 내재하는 과정을 나타내는데 사용될 수 없다. 그 이유는 이 경우에 단순화는 어느 특정한 유형의 텍스트, 즉 분명히 독자층의 인기를 목적으로 의도된 텍스트를 위해 채택된 전략이기 때문이다. 그러므로 이 기법은 목표 텍스트의 대외적으로 설정된 기능과 직결된다. 여기서 검토되고 있는 네 번째 전략인 어휘적 전이(lexical transfer)란 원전언어 어휘항목의 모든 기능을 가정된 목표언어 등가어에 귀속시키는 것이라 정의된다. 예를 들면, 영어번역 *thou shall not uncover the nakedness of*는 히브리어의 완전한 원전 의미인 성교의 의미를 전달하기 위해 번역가가 사용한 목표언어 표현이다. 그 현상은 "번역자가 자기의 원전언어에 지나치게 얽매여" 있으려는 경향 때문에 생긴다고 생각된다 (Blum-Kulka & Levenston 1983: 133). 마지막으로, 특정한 문화적 함축의미를 가지고 있는 원전언어 단어들을 다른 표현으로 고쳐 쓰는 것은 원전언어와 목표언어 사이에 문화적 공백이 존재하기 때문이다. 이 전략의 예는 문장 *it would be a good deed to visit him in hospital*에서 히브리어 *micvah*를 영어로 *good deed*로 고쳐 쓴 것이다

(Blum-Kulka and Levenston 1983: 135). 원래의 단어는 긍정적으로나 또는 부정적으로 표현된 종교적 계명을 가리키며 또한 의무의 개념을 전달한다. 저자들의 주장에 의하면, 영어로 고쳐 쓴 표현은 원전 용어의 완전한 의미의 일부인 종교적 의무의 개념을 표현하지 않는다.

Blum-Kulka & Levenston의 보고에 의하면, 이러한 단순화 전략들은 3가지 다른 언어적 맥락에서 사용되는데, 그 맥락들은 제2언어 학습자들의 말과 글 (Levenston & Blum 1977; LoCoco 1975), 비원어민 화자들에게 말을 걸 때 교사 또는 다른 원어민 화자들의 말 (Henzl 1973; Sela & Arad 1977), 그리고 제2언어 학습자들을 위한 단순화된 독본 (Davies & Widdowson 1974)이다.

이 전략들은 다른 언어적 맥락들에도 공통적이기 때문에, 저자들은 그 전략들이 개인의 모국어에서의 의미론적 능력에서 도출되는 어휘적 단순화의 보편적 원리들이라고 주장한다. 그러나 이 공통적인 원리들은 그들이 작용하는 언어적 상황에 따라 서로 다른 원인에 기인하였으며, 그리고 이 원인들은 상호 양립될 수 없다. 예를 들어, 하의어 대신에 상의어를 사용하는 경향은 번역에서는 정확한 목표언어 등가어의 부재에 기인하지만, 그러나 이러한 현상이 제2언어 학습자들의 구어와 문어에서 나타날 때 어휘지식의 부족으로 설명된다. 더욱이, 심지어 같은 언어적 맥락 내에서도, 제안된 전략들은 항상 조화시킬 수 있는 것은 아닌 다양한 요소들에 기인한다. 예를 들면, 전이는 원전언어의 어휘에 대한 번역자의 집착에 기인하지만, 반면에 상의어의 사용은 두 접촉 언어들의 서로 다른 어휘적 구성에 의해 부과되는 의무적인 선택이다. 그러므로 Blum-Kulka & Levenston이 제공하는 분석으로부터 번역 자체와 관련하여 또는 동일 원리들이 작용하는 다른 3가지 언어적 맥락들과 번역 사이의 관계와 관련하여 이 전략들의 공통적인 성격에 관해서 어떠한 제안도 할 수 없다. 예를 들면, 단순화가 번역으로서의 번역에 내재한다고 정당하게 가설을 세울 수 없으며, 또한 단순화가 언어 간의 그리고 언어 내부의 중재과정에 내재한다고 제안할 수도 없다. 그러나 저자들은 결론에서 "동일한 다른 언어적 맥락에서 그리고 다른 언어 쌍들에서 모든 지적된 현상들에 대해 보다 더 체계적인 연구를 할 수 있는 여지는 분명히 있다"는 점을 인정하고 있다 (Blum-Kulka & Levenston 1983: 137). 이 진술을 통해 우리는 히브리어-영어 번역에서 관찰된 전략들이 다른 언어결합에도 공통적일 수도 있다고 추론할 수 있다. 그러나 이러한 기저의 신조는 번역에서 어휘적 단순화의 보편성에 관하여 어떠한 구체적인 가설도 유발하지 않았다.

저자들의 암시된 믿음과 부합되는 가설은 다음과 같았을 것이라고 필자는 제안한다.

히브리어–영어 번역에서 관찰된 5가지 전략은 많은 다른 그리고 아마도 모든 언어결합들에 공통적이라고 제안된다.

두 가지 다른 요인들이 이 공통적 특성을 초래할 수도 있다. 2개 언어가 유사한 어휘구성 및/또는 유사한 문화적 개념 표시를 가지고 있는 경우가 결코 없다는 점과 이러한 불일치는 번역가가 주어진 원전과 목표 언어 사이의 공백을 메우기 위해 특정한 전략들을 사용하도록 강제한다는 점이 사실일 수도 있다. 다시 말하면, 모든 언어들이 서로 다른 어휘구조를 가진다고 가정한다면, 어휘적 단순화는 모든 언어결합들에 공통적일 수도 있다. 반대로, 어휘적 단순화는 번역과정 자체의 결과일 수도 있다.

그렇다면, 그것은 관련된 특정 언어들의 영향과는 독립적으로 번역과정에서 일어날 것이다. 번역에서의 어휘적 단순화 가설을 명시적으로 나타냄으로써 해소될 수 있었을 이러한 중의성은 Blum-Kulka & Levenston의 연구에 연이어 번역의 보편적 특성으로서의 단순화에 관한 체계적인 연구 프로그램이 뒤따르지 않았던 한 가지 이유일 가능성이 있다고 필자는 주장한다. 사실, Blum-Kulka & Levenston의 연구 이후에 번역에서의 단순화 현상을 조명한 분석들은 상호 고립되고 분리된 프로젝트들을 나타내며, 그것들의 주된 목적은 번역행위에 관한, 연관성은 있지만, 서로 다른 문제들에 관한 연구이었다. 따라서 그것들이 제공하는 어휘적, 통사적, 문체적 단순화를 뒷받침해 주는 경험적 증거는 우발적이고 주변적일 따름이다. 그들이 제공하는 개별적 증거들이 단순화의 본질과 보편성을 명쾌하게 설명하지 못하는 가능한 이유들을 확인하기 위해 지금부터 이 연구들을 하나씩 돌아가면서 비판적으로 살펴보겠다.

1950년대 후반부터 1980년까지 출간된 네덜란드 소설 50편의 영어 번역본에 나타나는 전략과 조정과정들에 관한 분석에서 Vanderauwera(1983: 102-103)는 Blum-Kulka & Levenston과 의견을 같이 하여 원전텍스트 속에서 오래된 격식적인 부자연스러운 단어들에 비하여 새로운 회화체의 단순한 동의어들의 사용을 주목한다. 문장구조와 관련하여, Vanderauwera(1985)는 비정형절을 정형절로 교체함으로써 그리고 보류된 마침표들을 삭제함으로써 복잡한 문장구조가 더 쉽게 만들어지는 몇 개의 예들을 발견한다. 그녀는 또한 문체적 단순화의 여러 다른 형태들에 대한 실질적인 증거를 제시한다. 가장 흔한 것들로는 긴 연속체나 문장을 나누는 것, 정교한 표현을 보다 짧은 연어로 교체하는 것, 반복이나 잉여적 정보를 축소 내지 생략하는 것, 지나치게 긴 우회적 표현들을 축소하는 것, 그리고 수식하는 구나 단어를 생략하는 것 등이 있다. Vanderauwera (1985: 93)에 의하면, 이러한 조정과정들은 번역을 더 분명하고 더 읽기 쉽게 만드는 다른 수정과정들과 함께 "더 쉽고, 더 응집력 있고, 유창하고, 친숙한 산문을" 창작하는 전반적인 효과를 가진다. 저자는 이 전략들을 모든 번역가와 편집자에 엄격하게 적용되는 보편적인 규범의 표현으로 간주하지 않고, 그것들을 목표 청중에 의해 분명히 인정되는 "텍스트적 관행성을 향한 경향"의 표현으로 생각한다 (Vanderauwera 1985: 93). 더욱이, 이러한 변화들은 명백히 "목표 수용적인" (Vanderauwera 1985: 92) 번역들뿐만 아니라 네덜란드 문학을 외국문화에 알리려는 것이 목적이라고 선언하여 따라서 원전텍스트에 더 밀접하게 집착한다고 기대될 수 있는 번역들에서도 나타난다고 그녀는 말한다. Vanderauwera는 텍스트적 관행성을, 전반적으로는 번역된 산문소설과 그리고 구체적으로는 덜 알려진 문학들의 번역과 관련하여, 목표문학체계에서 작용하는 문체적 규범들에 관한 번역자의 가정들과 관련지어 설명한다.

　Vanderauwera의 연구에서는 단순화는, 많은 네덜란드 소설의 번역들에서 볼 수 있듯이, 규범화(normalisation)라는 전반적인 전략에 포함된다. 그것은 번역 자체의 특성으로서 또는 접촉중인 두 언어의 차이점들에 의해 강요되는 의무적인 선택으로 설명되지 않고, 전체적으로는 번역된 문학이, 구체적으로는 소수 문학의 번역들이 목표언어의 문학적 다체계[1] 속에서 차지하는 부차적 지위의 결과로 설명된다. 더욱이, Vanderauwera

---

1) 1970년대 후반에 Even-Zohar에 의해 정교하게 만들어진 다체계이론에서는 특정 문화의 문학적 다체계는 "문학 체계들의 체계"이다 (Even-Zohar 1987: 114). 이 이론에 의하면, 번역된 문학은 번역된 텍스트들의 임의의 묶음이라기보다는 통합적인 문학체계로 간주되며 자체의 "특정 규범과 행위, 정책"에 의해 특징지어지며, 이들은 다른 목표 문학 체계와 역사적으로 결정된 관계에 의존한다 (Even-Zohar 1987: 108).

의 분석은, 비록 수많은 텍스트에 기반을 두고 있지만, 소설이라는 문학 장르와 네덜란드어-영어라는 특정한 언어 쌍에 국한되어 있다. 이 때문에 그녀는 번역소설을 선정하고, 번역하고, 제시하는 다양한 과정들 속에서 자기가 발견한 전략들에 대해 보편성을 주장하는 것을 삼가하고 있다.

번역 훈련생들을 위한 교과서에서 Baker(1992)는 전문 번역가들이 단어층위의 비등가성을 다루기 위해서 사용하는 서로 다른 전략들을 논의하는데, 그 중의 하나가 목표언어에 해당 하의어가 없을 때 상의어를 사용하는 것이다. 그녀가 제공하는 예들은 비문학 텍스트에서 발췌된 다양한 언어로 그리고 다양한 언어에서 번역된 것들이다. Baker(1992: 26)는 "이것이 특히 명제의미 영역에서 많은 유형의 비등가성을 다루는 가장 흔한 한 가지 전략이라고" 보고한다. 이 절차의 유효성은 "의미장(semantic fields)의 위계구조가 언어 특정적이 아니라"는 사실에 기인한다 (Baker 1992: 26). 고쳐쓰기(paraphrase)는 원전 용어가 목표언어에서 어휘화되지 않는 예들에서 Baker가 주목한 또 다른 전략이다. 이 전략은 원전 용어의 명제의미를 전달하는데 일반적으로 성공적이지만, 그러나 고쳐 쓴 표현은 안정적인 단어와 동일한 지위를 가지지 않기 때문에 어떠한 종류의 연상적 의미도 표현할 수 없다 (Baker 1992: 38-40).

Klaudy (1996: 144)는 "번역작용(translational operations)"이라고 부르는 현상을 논의한다. 그녀는 그것을 "마음이 직접적이 아니라 다른 언어를 통해서 언어 형태를 산출할 때 일어나는 복잡한 정신적 작용"이라고 정의한다. 그녀는 번역작용을 3가지 주요 범주로 분류한다. "언어 특정적(language-specific)" 작용은 언어들의 서로 다른 문법적 어휘적 구조로 설명된다. "문화 특정적(culture-specific)" 작용은 언어들 간의 문화적 차이에 기인한다. "번역 특정적(translation-specific)" 작용은 "번역과정 자체의 본질에 의해, 즉 원전언어에서 원래 착상되었던 생각들을 목표언어로 표현할 필요성에 의해" 설명된다. 그녀는 특히 영어, 독일어, 불어, 러시아어 문학 텍스트들을 헝가리어로 또는 그 역으로 번역할 때 발생하는 번역작용들을 살펴보고, 헝가리어(H)에서 인도유럽(IE) 언어들로의 번역들에서 *hajnal*(새벽), *reggel*(아침), *délelött*(오전) 사이의 구분이 사라질 때가 가끔 있다는 것을 관찰한다. 이것은 더 구체적이지만 사용 빈도수가 더 적은 등가어 대신에 더 일반적인 목표언어 단어들(영어에서는 morning, 독일어에서는 *morgen*, 불어에서는 *matin*, 러시아어에서는 *utro*)을 사용하는 결과이다. 이것은 어휘적 작용의 한 유형으로서 시간 표현의 일반화를 포함하며 목표언어에서 세부적 등가어가 거의 사용되지 않는다는 식으로 설명된다. Klaudy는 또한 IE→H 번역들에서 나타나는 신체부위의 일반화의 예들과 IE→H 및 H→IE 번역들 모두에서 나타나는 문화 특정적 단어의 예들을 제시한다. 첫 두 어휘적 작용들은 접촉 언어들의 서로 다른 어휘구조에 의해 설명될 수 있기 때문에 "언어 특정적"이라 부르며, 반면에 세 번째 전략은 "서로 다른 문화적 집단의 구성원들이 일반적으로 공유하고 있는 지식 사이의 문화 차이"에 기인하기 때문에 "문화 특정적"이라 부른다 (Klaudy 1996: 144).

Toury(1995: 206-220)는 "번역 특정적인 어휘항목들과 그것들의 사전편찬상의 처리"를 논의하면서 일찍이 Blum-Kulka & Levenston이 주목한 어휘적 전이라는 유형의 한 예를 제시한다. 히브리어 단어 *na'ara*는 주로 십대 아이를 가리키지만 영어에서 번역된 히브리어 텍스트에서는 그것은 단어 *girl*의 일부 기능들을 얻었다 (Toury 1995: 209-210). Blum-Kulka & Levenston과 비슷하게, Toury는 이 현상을 "번역의 언어적 형식화는 해당 원전텍스트의 양상들을 불변의 상태로 유지하려는 절실한 요구에 의해 부분적으로 지배된다는 사실 탓으로" 돌린다. 그는 또한 이 요구는 원전텍스트가 "전일론적(holistic) 전체로 보다는 하위층위 성분들의 조직체로" 접근될 때 더욱 강하다고 제안한다 (Toury 1995: 208).

마지막으로, 원전텍스트에 나타나는 반복들을 줄이고 생략하기 위한 절차들은 문학 번역(Vanderauwera 1985; Toury 1991a)과 법정 통역(Shlestinger 1991)에서 기록되었다. 원전텍스트에 있는 반복들을 피하려는 경향은 문체적 단순화의 한 양상으로 간주될 수 있다. Toury(1991a: 188)는 이것이 "지금까지 연구된 모든 언어에서 번역상의 가장 끈질긴 불굴의 규범들 중의 하나"라고 주장한다.

여기서 검토된 연구들은 수많은 특성들을 공유한다. 그것들은 번역된 텍스트들에 대한 규범적이라기보다는 기술적인 평가들이다. 분석들은 모두 수작업으로 그리고 병렬 텍스트 또는 코퍼스, 즉 원전텍스트와 목표텍스트를 대상으로 수행되었다. Vanderauwera의 광범위한 분석을 제외하고는 대부분의 연구는 작은 텍스트 표본을 필요로 하였다. 더욱이, 가장 많은 경험적 근거는 문학 텍스트에 관한 연구에서 나오며, 대다수의 경우에 관찰 소견들은 양방향이 아닌 한 언어에서 다른 언어로의 번역에만 연관된다. 방법론의 이러한 양상은 분석을 특정 언어결합들에 특정적인 전략들에 국한시켰으며, 따라서 학자들이 단순화가 특정한 두 언어의 대치의 결과로 간주될 수 있는지 아니면 번역과정 자체의 본질과 연결된 현상으로 간주될 수 있는지에 대하여 타당한 제안들을 제시하지 못하게 막았다. 마지막으로, 분석의 대상은 문장층위의 번역과정 동안에 일어나는 전이들로 구성된다. 그러므로 관찰된 단순화 전략들이 전체의 텍스트에 미쳤을지 모르는 영향은 직접적으로 평가되지 않았다.

Blum-Kulka & Levenston이 분석한 어휘적 전략들의 대부분은 실제로 다른 학자들에 의해 관찰되었다고 말할 수 있다. 그러나 그것들은 항상 일관성 있게 기술되거나 설명되지는 않았다. 예를 들어, 덜 흔한 동의어보다는 친숙한 목표언어 단어를 사용하는 기법은 단순화 보편소라고 기술되었으며 Blum-Kulka & Levenston에 의해 더 가독성이 있는 텍스트를 생성한다는 명시적인 목적과 관련지어 설명되었다. 동일한 전략이 Vanderauwera에 의해 관찰되었는데, 그녀는 그것을 번역된 문학텍스트를 규범화하려는 일반적인 경향의 한 양상으로 간주한다. 그런데 그러한 경향은 번역가가 "대담무쌍한 설화체 양식, 마음에 그리는 상, 또는 단어의 선택으로써 또는 외국의 사회문화적 자료로써 청중의 임시적으로 낮은 인내력이나 자기 자신의 시간 및 창의성을 짜내는 것"을 꺼려하는 데 기인한다 (Vanderauwera 1985: 119-120). 이와는 대조적으로, Klaudy는 유사한 작용을 일종의 의미의 일반화로 간주하고 그것을 두 접촉 언어들의 서로 다른 어휘구조와 관련지어 설명한다.

지금까지 검토한 것을 기초로, 번역에서의 단순화를 뒷받침하는 증거는, 비록 번역된 텍스트의 본질에 관한 일부 양상들을 밝히기 위해서는 중요하지만, 누더기를 기운 것 같아 항상 통일성이 있는 것은 아니라는 결론을 내릴 수 있다. 다양한 연구 프로젝트들의 결과들은 쉽게 비교될 수가 없는데 그 이유는 그 프로젝트들이 서로 다른 목적을 위해 수행되었으며, 서로 다른 유형의 질문들을 묻고, 서로 다른 자료들을 사용하였기 때문이다.

여기서 살펴본 학자들 중에는 아무도 단순화의 여러 양상들의 보편성에 관한 가설을 분명하게 제시하지 않았으며, 아무도 지금까지 수집된 증거를 기초로 그 가설을 정교하게 만들 수 없다. 그러므로 필자의 견해로는 이 연구는 단순화의 보편성에 관한 이론적 설명이 수립될 수 있는 근거가 되는 경험적 자료들의 통일성 있는 묶음으로보다는 추가 연구를 위한 아이디어의 원천으로 더 중요하다. 필자의 의견으로는, 번역행위의 이 구체적인 양상과 관련하여 이 연구가 미친 영향이 빈약한 것은 3가지 주요 요인 때문인 것 같다. 즉 전체적으로는 번역의 보편소에 관한, 구체적으로는 단순화에 관한, 명확한 선험적 정의의 결여, 다량의 텍스트 자료의 부재, 일관성 있는 방법론의 결여가 바로 그것이다. 이러한 설명들은 아래에서 보겠지만 다른 보편소들, 예를 들면, 명시화 및 규범화에 관한 연구에도 해당된다.

4.2.1.2 명시화

'명시화(explicitation)'라는 용어는 불어와 영어의 비교문체론에 관한 Vinay & Darbelnet([1958]1995)의 고전적인 연구에서 처음 나타나는데, 거기서 명시화는 원전언어에서 단순히 암시적이지만 맥락이나 상황으로부터 생각해낼 수 있는 정보를 목표언어에 도입하는 번역기법으로 간주된다. Nida(1964: 229)는 원전의 의미요소들이 목표언어에서 첨가를 통해 확대되고 명시화된 성서번역에서 발췌한 몇몇 예들을 검토한다. 예를 들면, Luke 11:31의 "남쪽의 여왕"은 타라스카어에서 "남쪽 나라에서 통치하고 있는 여인"으로 번역되어 있다.

명시화가 원전언어와 목표언어 사이의 언어적 및/또는 문화적 차이의 불가피한 결과라기보다는 번역으로서의 번역의 특성일지 모른다고 처음으로 제안한 사람은 Blum-Kulka(1986)이었다. 영어에서 불어로 또는 그 역으로의 전문적/비전문적 번역들에 대한 연구에서, Blum-Kulka는 목표언어 텍스트에 사용된 응집성 표지 유형들의 전이를 주목하여 번역가가 원전언어에 없는 단어들을 삽입함으로써 목표텍스트를 확장하는 예들을 기록하고 있다. 두 현상은 모두 원전과 비교하여 번역의 명시성 수준을 높여주는 효과를 가진다는 점을 그녀는 주목한다. Blum-Kulka는 이 번역상의 특성들은 언어쌍 특정적일 뿐만 아니라 번역과정 자체에 의해 부과된 제약들에 기인하고 원전텍스트에 대해 번역가에 의해 수행된 통역의 결과일 수도 있다고 암시한다. 이러한 연구들과 영어학습자들의 중간언어에 관한 Berman(1978) 및 Stemmer(1981)의 연구를 기초로 하여, Blum-Kulka(1986: 19; 21)는 "명시화 가설"을 제안하는데, 이 가설은 번역된 텍스트들과 제2언어 학습자들의 글에서 관찰된 명시성 수준의 상승은 번역을 포함한 언어매개 과정에 고유한 보편적인 전략일 수도 있다고 제안한다.

　　명시화 가설을 뒷받침하는 증거는 Séguinot(1988)의 연구에 의해 제공된다. 이 연구에서 저자는 영어-불어 및 불어-영어 번역들에서 화제-평언 연결의 향상, 연결어의 첨가, 종속절의 등위절로의 전이와 같은 형태로 명시성이 증가함을 발견한다. 저자는 이 차이들을 텍스트 개정자들의 편집 전략에 기인하는 것으로 돌린다. 추가 증거는 Vehmas-Lehto(1989)의 연구에서도 발견될 수 있는데, 이 연구는 연결성분의 빈도가 원전 핀란드어 텍스트들에 비해 러시아어에서 핀란드어로 번역된 신문기사들에서 더 높다는 것을 보여준다. 대조적으로, 노르웨이어에서 영어로 번역된 설명적/논증적 텍스트들로 구성된 소규모 코퍼스 속의 연결어에 관한 Halverson(1996)의 연구는 번역된 텍스트 속에 생략되거나 첨가된 연결사가 실질적인 양으로 공존하고 있기 때문에 명시화 가설을 뒷받침하는 증거를 거의 보여주지 않는다.

　　Toury(1995: 227)는 명시성과 가독성 사이에 분명한 상관관계가 있다고 주장하고, 다른 언어중재 과정들에서나 또는 다른 조건하에서 수행된 동일한 유형의 중재된 언어적 행위에서 명시화 전략이 적용될 수 있는 다양한 정도를 평가할 목적으로 이 관계를 실험연구들에 이용하기를 제안한다.

Blum-Kulka의 관찰과 일관되게, Vanderauwera(1985)는 번역가가 명시화 기법들을 적용하는 많은 사례들을 지적한다. 기록된 주요 절차들로는 등장인물의 사고의 진전과정을 보다 명확하게 표현하거나 주어진 해석을 강조하기 위한 감탄사의 사용, 압축된 구절의 확장, 투명성 증대를 위한 수식어구, 양화사, 접속사의 첨가, 추가 정보의 첨가, 설명의 삽입, 명확성의 목적을 위한 이전 세부항목들의 반복, 암시적이거나 모호한 자료의 정확한 번역, 더 정확한 기술, 지리적 위치의 명칭부여, 그리고 정확한 확인형태로써 대명사의 중의성 해소가 있다. Baker(1992)는 또한 문화적 차이를 메우기 위해 번역가가 목표텍스트에 추가의 배경 정보를 삽입하는 몇 가지 예들을 보고한다. 그녀가 검토하는 한 가지 구체적인 예에서, 번역가는 아랍 독자들에게 미국의 Harry Truman 대통령에 대한 암시적 언급의 중요성을 설명하기 위해 몇 줄을 첨가하고 있다 (Baker 1992: 246-248).

치환 및 생략을 반복 또는 동의어 사용으로 교체하는 형태를 취하는 통일성에 있어서의 전이들은 히브리어-영어 (Shlesinger 1989: 171-172) 및 영어-히브리어 (Shlesinger 1995: 201)의 동시통역에서 발견된다. Shlesinger에 의하면, 이러한 연구결과들은 "매체, 즉 동시통역이 관련 언어들에 전형적인 문체상의 선호사항들 보다는 더 강한 영향을 행사한다"는 점과 그리고 명시화 가설이 문어 번역뿐만 아니라 구어 번역에도 적용하여 따라서 "관련 언어들과는 상관없이 통역자는 암시적 형태들을 보다 명시적으로 만드는 경향이 있다"는 점을 암시해 준다 (Shlesinger 1995: 210).

번역된 텍스트들에서 찾아볼 수 있는 명시화의 서로 다른 유형들에 대한 유용한 검토는 Klaudy(1996, 1998)에서 찾아볼 수 있다. 그녀는 4가지의 명시화 전략을 확인한다. 첫 번째는 언어들 간의 구조적 차이에서 비롯되는 의무적 명시화이며, 두 번째는 언어들 간의 텍스트 구성 전략과 문체적 선호에서의 차이들에 기인하는 선택적 명시화이며, 세 번째는 원전언어와 목표언어 사이의 문화적 차이에 기인하는 화용적 명시화이며, 네 번째는 번역과정 자체에서 도출되는 번역-내재적 또는 번역-고유의 명시화이다.

단순화에 관한 연구와 마찬가지로, 명시화 가설을 뒷받침해 주는 경험적 증거는 다소 누더기로 기운 것 같으며 소규모 연구에 기반을 두고 있다. 그 현상에 대한 이론적인 설명은 관찰된 번역전략들의 범주화에 국한되어 있으며, 그것은 번역 언어의 보편소라는 보다 넓은 맥락 속에서 완전한 설명을 제공하거나 초기의 직관들을 정교하게 발전시키려고 시도하지 않는다. 이 연구의 가치는 그 현상에 대한 관심을 높였으며 그리고 앞으로의 체계적 연구의 대상이 될 수 있는 가설들을 제안했다는 점에 있다.

4.2.1.3 규범화

'규범화(normalisation)'는 특유한 텍스트 특성들을 목표언어의 전형적인 텍스트 특성들에 순응하도록 만드는 번역자의 때로는 의식적이고 때로는 무의식적인 과정을 가리키기 위해 일반적으로 사용되는 용어이다.

네덜란드어에서 영어로 번역된 소설들로 구성된 코퍼스에서, Vanderauwera(1985)는 구두점, 어휘선택, 문체, 문장구조, 텍스트구성에서 의 전이들에 대한 광범위한 증거를 찾는데, 그녀는 그 전이들을 목표 청중들에 의해 인정되는 것 같은 "텍스트적 관행성을 향한 일반적인 경향" 의 표현들이라고 생각한다 (1985: 93).

단어층위의 주요 조정은 네덜란드식 이름 및 문화 특정적 표현들의 개작과 원전텍스트에 나타나는 외국어 표현들의 축소이다. 특이한 구두점 표기는 생략된 인용부호를 복원하거나 독립절을 구분하기 위해 쉼표를 세미콜론과 마침표로 교체함으로써 표준화된다. 원전텍스트 속의 불완전한 문장들은 완전하게 만들어지고, 서투르거나 특유한 문장구조들은 더 평이한 통사구조로 교체된다. 현재시제 및 역사적 현재는 영어 설화체에서 더 빈번하게 사용되는 과거시제로 교체된다. 문장, 문단, 설화 연속체, 단원은 더 논리적으로 배열된다. 원전텍스트의 구어 설화는 문어 산문으로 읽을 수 있도록 수정되고, 격식체 대화는 역시 친숙하고 일상적인 대화로 번역된다. 구식의 표현들은 현대적인 것들로 교체되고, 실험적 설화는 더 친숙한 양식으로 개작된다. 마지막으로, 독창적인 연어관계에 의해 실현되는 비전형적이고 부자연스러운 비유적 표현들은 더 정상적인 표현들로써 번역된다. Vanderauwera(1985: 76-77)에 의하면, 이러한 조정과정들은 원전보다 더 읽기 쉽고, 더 자연스럽고, 더 친숙하며, 더 통일성 있는 텍스트를 창작하는 효과를 가진다.

최근에 May(1997)는 Virginia Woolf 및 William Faulkner의 모더니즘 소설의 불어와 러시아어 번역본에서 더 매끄럽고, 명쾌하게 하고, 규범화하는 구두점과 통사구조의 증거를 발견하였다. 원전에서는 수많은 목소리들의 상호작용을 나타내거나 아니면 짧은 문장과 그리고 늘어진 수식어 및 부적절한 접속사를 가진 아주 긴 복잡한 문장들 사이의 대조를 통해 등장인물의 사고과정을 표현하기 위해 실험적인 방식으로 구두점과 통사구조가 창의적으로 사용되지만, 반면에 번역본에서는 불완전한 절은 완전하게 만들고, 절 사이의 병렬관계는 종속관계로 교체된다. 원전에서는 독자들은 이상한 통사구조와 구두점에 의해 조성되는 긴장감에 의해 지속적으로 도전을 받지만, 반면에 번역본에서는 그들은 작가들의 문체적 뉘앙스의 해석 속으로 쉽게 잠기게 된다.

Malmkjær(1997)은 Hans Christian Andersen의 이야기들과 그것들의 영어 번역본들에 나오는 구두점을 연구하였는데 그는 이전의 연구와 일관되게 규범화를 향한 전이들의 증거를 제시한다. 원전의 쉼표들은 번역에서는 세미콜론이나 마침표로 바뀌고, 세미콜론들은 완전한 마침표가 된다. 따라서 덴마크의 기준에 의하면 비정상적인 작가의 문체는 정보 흐름상의 휴지를 분명하게 표시함으로써 더 읽기 쉽게 만들어진다.

스페인어로 쓰인 *Don Quixote*와 그것의 네덜란드 번역본에 관한 Van Leuven-Zwart(1989, 1990)의 연구도 역시 소설의 매크로 구조에 영향을 주고 등장인물들의 속성들을 변화시킨, 문장, 절 및 구 층위에서의 번역상의 규범화 경향을 밝혀내었다.

법정 통역사들에 의해 히브리어에서 영어로 구두번역된 것들을 분석하면서, Shlesinger(1991)도 역시 미완성 문장의 완성, 비문법적 원전 발화의 문법적 번역으로의 교체, 잘못된 시작의 생략 및 자율적 교정과 같은 다양한 형태의 규범화에 대한 증거를 발견한다.

마지막으로, 다양한 문화들에서 산출된 문학 번역들에 대한 자기의 광범위한 연구를 바탕으로, Toury(1995: 267-268)는 번역행위를 지배한다고 자기가 믿는 "표준화 증가의 법칙(law of growing standardization)"을 제안한다. 이 법칙을 가장 일반적으로 형식화하면 다음과 같다. 즉 "번역에서 원전텍스트의 텍스트소(textemes)들은 목표언어(또는 목표문화)의 레퍼토리소(repertoremes)로 전환되는 경향이 있다".

레퍼토리소는 제도화된 레퍼토리, 즉 주어진 집단에 대해 기호학적 가치를 가지는 현상들을 기호화한 것인 항목들의 집단에 속하는 기호이다. 레퍼토리소는 특정한 텍스트에 사용된 결과로 자신과 텍스트 사이에 유지되는 특별한 관계에서 도출되는 특정한 기능을 가지게 될 때에 텍스트소가 된다.

표준화 증가의 법칙에 따르면, 원전텍스트에서 생성된 특수한 텍스트 관계는 가끔 목표텍스트에서는 상습적인 관계로 대체되기도 하고, 때로는 완전히 무시되기도 한다. 이 법칙이 존재하는 이유는 번역과정에서 원전의 텍스트 관계의 소멸이 불가피하고 완전한 재생이 결코 불가능하다는 점이다. 더욱이, Toury는 목표문화 속에서의 번역의 위상뿐만 아니라 연령, 이중언어 정도, 번역자의 지식과 경험과 같은 요인들이 그 법칙의 작용에 영향을 미칠 수 있다는 가설을 발전시키고, 그 법칙을 보다 정교하게 형식화하는데 있어 조건들로서 이 요소들을 포함시키자고 제안한다. 목표체계 속에서의 번역의 위상에 관한 조건은 다음과 같이 표현된다. 즉 "[특정 문화에서 번역의 위상이] 더 주변적일수록, 번역은 기존의 확립된 모형과 레퍼토리에 더 많이 순응하게 될 것이다" (Toury 1995: 271).

네덜란드 문학 작품들의 영어 번역본들에서 Vanderauwera(1985)가 발견한 수많은 규범화 사례들은 이 규칙의 작용을 예시해주고 입증해준다.

단순화와 명시화와는 달리, 규범화는 경험적 연구에 의해 기술되었을 뿐만 아니라 이론적인 관점에서도 분석되었다. 그러나 이용할 수 있는 자료가, 비록 고무적이지만, 여전히 극히 드물며, 너무 그래서 그 현상에 대해 보편소의 개념으로 통일성 있는 설명을 제안하기가 어렵다.

4.2.2 번역의 보편소: 코퍼스 출현 이후

번역의 보편소에 대해 지금까지 수행된 연구는 다음과 같은 특징들을 제시하고 있다. 그러한 연구는 첫째로, 언어쌍 특정적이며, 둘째로, 주로 문학 텍스트에 관한 연구에 기반을 두고 있으며, 셋째로, 대체로 문장층위에서 수행된 분석들에 국한되어 있고, 넷째로, 수집된 증거가 설명되고 평가될 수 있는 통일성 있는 이론적 틀이 결여되어 있으며, 다섯째로, 소규모 텍스트 모음들을 대상으로 수행되어, 번역에서 특정한 경향의 구체적 효과들을 혼돈시키는 서로 대립되는 전략들이 동시에 작용하여 때로는 부정확한 결과를 산출한다.

다음 세 절에서는 번역 보편소에 관한 현행의 코퍼스기반 연구를 검토할 것이며, 이 연구들이 번역 언어의 전형적인 특성들에 대해 체계적이고 대규모의 연구를 가능하게 하는 방법론을 개발함으로써 이 연구 분야에 존재하는 약간의 공백을 메우려고 시도했다고 주장하고자 한다.

4.2.2.1 영어 비교코퍼스를 이용한 단순화 연구

최근에, 언어 특정적 또는 문화 특정적이라기보다는 번역 특정적인 특성으로서의 단순화의 개념은 보다 더 넓은 논의 속에서 명시적으로 형식화되었다. 그 논의는 Baker(1993; 1995; 1996; 1998)에 의해 시작되었으며, 번역의 보편적 특성들이 존재하는가, 그것들을 별개의 항목으로 아니면 중복적 항목으로 범주화할 것인가, 그것들이 이론적으로 타당한가, 그것들을 체계적으로 대규모로 연구할 수 있는가 등의 문제들을 중심적으로 다루었다. Baker(1993: 243)는 번역의 보편소를 "원전 발화보다는 번역된 텍스트에서 전형적으로 나타나며, 특정한 언어체계들로부터의 간섭의 결과가 아닌 특성들"이라고 정의한다. 이 일반적 정의에서는, 단순화란 "번역자들이 언어나 전달내용, 또는 양자 모두를 잠재의식적으로 단순화한다는 생각"으로 간주된다 (Baker 1995: 234).

번역에 나타나는 단순화의 보편성에 관한 Baker의 생각과 히브리어-영어 번역본에 나타난 단순화 전략에 관한 Blum-Kulka & Levenston의 연구로부터 필자가 추론한 가설(4.2.1.1을 보라)을 비교해 보면, 두 가지 중요한 점에서 서로 다르다는 것을 알 수 있다. 우선, 단순화가 접촉하는 두 언어 간의 문화적 및/또는 어휘적 불일치에 기인될 수 있는지 아니면 그것이 번역 자체에 내재하는 것인지에 관한 불분명한 점은 후자의 가설을 찬성하는 쪽으로 해소되었다. 둘째로, Baker는 보편성의 개념을 형식화하면서 추가적인 개념을 도입한다. 그것은 번역의 보편적 특성이 동일한 언어로 된 원전텍스트들이 아니라 주어진 언어로 번역된 텍스트들에 규칙적으로 나타난다는 개념이다. 그러므로 채택된 관점은 결과지향적 및 목표지향적이며, 번역 언어의 변별적 유형을 포착하는데 가장 적절하다고 생각되는 방법론은 코퍼스에 기반을 둔 것이다. 더 구체적으로 말하면, Baker(1995: 234)는 "비교코퍼스"로써 전체적으로는 번역의 보편소들을, 구체적으로는 단순화를 연구할 것을 제안한다 (2.3절을 보라).

Baker(1995)는 번역 보편소들의 결정적인 특징들을 자세히 설명한다. 그녀는 원전텍스트 생산과는 질적으로 다른 언어행위로 간주되는 번역의 특정한 본질과 관련하여 번역 보편소들을 정당화하고, 그 다음에는 비교코퍼스를 이용하여 번역의 보편소들을 연구할 것을 제안한다. 이 제 안들은 특히 단순화뿐만 아니라 규범화 및 명시화와 같은 번역으로서의 번역을 식별해주는 다른 특성들을 연구할 목적으로 체계적이고 대규모 의 통일성 있는 연구 프로그램을 원칙적으로 생성할 수 있는 타당한 이 론적 기초를 제공해 준다. 그러나 이러한 장기 목표의 실현은 번역학 내 부에서 착안되고 그 다음에 대규모의 전산화된 텍스트에 적용되는 코퍼 스기반 방법론의 개발에 전적으로 달려 있다.

영어의 단일어 다중원전언어 비교코퍼스의 제작과 분석은 번역 언 어를 특징짓는 어휘적 단순화의 유형들 및 문체적 단순화의 다른 양상들 에 대한 새로운 종류의 기술적 연구의 시작으로 생각될 수 있음을 아래 에서 보여줄 것이다 (4.1절을 보라).

영어비교코퍼스(English Comparable Corpus; ECC)는 처리된 텍스트 들로 된 2개의 전산화된 모음으로 구성되어 있다. 하나는, 앞에서 번역영 어코퍼스(Translational English Corpus: TEC)[2]라 부른 것으로, 다양한 원 전언어들(주로 로망스어)에서 영어로 옮긴 번역본들로 구성되어 있다. 다 른 하나는, 앞에서 비번역영어코퍼스(Non-Translational English Corpus: NON-TEC)라 이름을 붙인 것으로, 텍스트 장르, 출판 시기 (1983-1993), 저자의 남/여성 분포, 저자의 단독/팀 분포, 전체 크기, 그리고 목표청중 의 연령, 성별 및 수준에 대하여 TEC 텍스트들에 비교될 수 있는 영어 텍스트들로 구성되어 있다. 이 코퍼스는 2가지 텍스트 장르, 즉 신문(*The Guardian, The European*)과 설화산문(전기 및 소설)을 나타낸다. 그것의 전

---

2) 이것은 지금은 더 큰 번역영어코퍼스(Translational English Corpus)의 소부분이며, TEC 는 UMIST, Manchester의 Centre for Translation and Intercultural Studies에서 개발 중이 다 (4.2.4.3과 4.6절을 보라).

체 크기는 2백만 단어이다 (Laviosa-Braithwaite 1996a; 1997; Laviosa 1997; 1998b; 1998c).

ECC의 특별한 설계로 인해 필자는 번역 보편소로서의 단순화와 부합된다고 생각하는 3개의 기본적 가설에 대한 검증을 시작할 수 있었다. 그것들은 어휘적 다양성, 정보량, 그리고 문장길이와 관련된다.

첫 번째 가설은 다른 것들이 동등하다면 다른 텍스트보다 어휘적 다양성을 더 적게 보이는 텍스트가 어휘적으로 더 단순하다고 생각될 수 있다고 가정한다. 번역 텍스트의 특성으로서 단순화의 보편성을 검증하기 위해 같은 유형의 논리를 영어의 다중원전언어 비교코퍼스에 적용한다면, 번역 텍스트들에 사용된 어휘의 범위는 비번역 텍스트들에 사용된 어휘 범위보다는 평균적으로 더 좁을 것으로 판명되리라 예상할 수 있다. 더욱이, 이러한 차이는 개별 텍스트들이 번역된 특정한 원전언어에 의해 영향을 받지 않는다고 생각될 수 있다.

그러므로 번역된 텍스트의 보편적 특성으로서의 단순화에 관한 첫 번째의 일반적인 가설은 잠정적으로 다음과 같이 표현될 수 있다.

영어의 다중원전언어 비교코퍼스에서는 번역 텍스트들에 사용된 어휘의 범위는 비번역 텍스트들의 어휘 범위보다 더 좁으며, 그리고 이 차이는 원전언어 변인과는 독립적이다.

단순화의 두 번째 가설은 텍스트 속 정보량의 상대적으로 낮은 수준은 텍스트 생산에서의 어휘적 단순화의 한 양상이며, 그리고 텍스트 속에서 사전적(lexical) 단어 대 개별적(running) 단어의 비율이 증가함에 따라 정보량의 수준도 당연히 증가될 수 있다고 가정한다. 여기서 어휘적 단어의 비율이 낮을수록 텍스트는 더 단순하다는 결론을 내릴 수 있다.

단순화의 이러한 양상이 원전텍스트 생산에 대립되는 번역에 전형적이라면, 영어비교코퍼스(English Comparable Corpus; ECC)에서는 번역텍스트들이 비번역 텍스트들보다 사전적 단어 대 개별적 단어의 비율이 더 낮을 것이며 이러한 차이는 원전언어와는 독립적일 것이라 합리적으로 예측할 수 있다.

그러므로 단순화에 관한 두 번째의 일반적인 가설은 다음과 같이 표현된다.

영어의 다중원전언어 비교코퍼스에서는, 번역 텍스트들은 비번역 텍스트들보다 사전적 단어 대 개별적 단어의 비율이 더 낮으며, 이러한 차이는 원전언어 변인과는 독립적이다.

문장길이3)는 오랫동안 작가를 확인하는 방법으로 제안되어 적용되어 왔다 (1938년에서 1983년까지의 연구에 대한 검토는 Holmes1994를 보라). 그것은 또한 단일어 코퍼스의 문체 분석들에서도 채택되었다. 예를 들어, Irizarry(1990)는 유명한 21세기 스페인 작가 30인의 문체상의 상이성과 동질성을 연구하기 위해 다른 정량적 텍스트 특성들과 함께 그것을 사용

---

3) '문장'이라는 용어는 단순히 "마침표 사이에 들어있는 철자 단위" (Halliday 1985: 193)를 지칭하기 위해 사용되었으며, '문장길이'는 마침표 사이에 나타나는 단어의 수를 말한다. 필자는 문장의 개념이 직접적이지도 보편적이지도 않다는 것을 알고 있다. Halliday (1985: xxi)는 문장이 문자체계들이 민감한 "중요한 경계 지점"을 형성한다고 주장하지만, 그는 "문장 그 자체가 불확정적인 범주"라는 것도 인식하고 있다 (Hasan 1976: 232). 이러한 견해는 구두점이 영어에서는 아주 잘 발달되어 있으며 정보흐름의 단절을 나타내기 위해 사용되지만 언어에 따라 상당히 다르다는 Baker의 언급에 의해서도 입증된다. 예를 들어, 아랍어에서는 마침표가 문단 끝에서만 자주 발견되어 그래서 문장들은 매우 길고 주로 등위절로 구성된다 (Baker 1992: 193, 215 및 개인적 교신 1996).

하였다. Whissel(1994)은 그녀 자신이 Hemingway, Galsworthy 및 Faulkner 의 문체상의 차이점들을 평가하는 도구로 사용한 50가지 객관적 척도 중 의 하나로 문장길이를 채택하였다. 더욱이, 비록 가독성 공식들이 서로 다른 기준들을 채택하지만, 그것들 대부분은 높은 가독성 수치가 짧은 친숙한 내용어와 짧은 문장에 의해 영향을 받는다는 점에는 일치한다 (Devlin and Tait 1998). 필자는 문장당 평균 단어수를 문어의 문체를 형 성하는 한 가지 특성의 척도로 사용하려고 시도하였다. 필자의 의도는 그것이 언어 전체적으로 제공되는 것들 가운데 "특정한 항목들이나 구조 들이, 또는 그것들의 유형들이, 텍스트에 일관성 있게 나타나는 것"을 의 미하는 것이다 (Malmkjaer 1991: 438).

비교적 낮은 평균 문장길이는 문체적 단순화의 한 양상으로 간주될 수 있으며, 그러한 더 단순한 문체를 선호하는 것은 중재과정에 관련된 언어 쌍들의 영향과는 독립적으로 번역 자체의 전형적인 특징일 수 있다 고 필자는 제안한다. 만일 이러한 형태의 단순화가 번역된 텍스트에 전 형적으로 사용된다면, ECC에서는 평균 문장길이가 비번역 테스트들 보 다는 번역 텍스트들에서 더 낮을 것이라 당연히 예상할 수 있다.

그러므로 단순화에 관한 세 번째이자 마지막의 가설은 다음과 같이 표현된다.

영어의 다중원전언어 비교코퍼스에서는, 번역 텍스들은 비번역 텍스트들 보다 더 낮은 평균 문장길이를 가지며, 이 차이는 원전언어 변인에 의해 영향을 받지 않 는다.

신문과 설화 모두의 번역 텍스트들에서는, 그리고 원전언어와는 독립적으로, 필자는 비번역 영어보다는 번역 영어에서 어휘적 다양성의 범위가 더 좁다는 것을 암시해주는 어휘사용의 3가지 유형을 발견하였다. 우선, 고빈도 단어 대 저빈도 단어의 비율이 번역된 텍스트에서 상대적으로 더 높다. 둘째로, 번역된 텍스트들로 구성된 코퍼스의 목록 머리부분이 (즉 빈도수가 가장 높은 첫 108단어가) 그 코퍼스의 더 큰 부분을 차지하고 있는데, 이는 가장 빈번하게 쓰이는 단어들이 더욱 자주 반복됨을 의미한다. 셋째로, 번역된 텍스트들로 구성된 코퍼스의 목록 머리부분이 더 적은 수의 사전표제어(lemma)들을 포함하고 있다.

두 번째의 가설과 일관성 있게, 필자의 연구결과는 번역된 텍스트들이 내용어 대 문법어 비율에서 상대적으로 더 낮으며 (즉 그들의 어휘적 밀도가 더 낮으며), 그것은 정보량이 더 낮다는 것을 암시할 수도 있음을 보여준다. 문장길이에 관한 세 번째 가설은 신문기사들에 대해서는 입증되었지만 설화작품들에 대해서는 입증되지 않았다 (Laviosa 1998d).

필자가 수행한 연구는 번역 언어의 특성으로서의 단순화에 관한 대부분의 선행연구들과는 여러 면에서 다르다. 우선, 전산화된 코퍼스를 자료로 사용하였으며 전산화된 분석방법을 사용하여 그 자료들을 처리하였다. 둘째로, 전적으로 목표언어 환경에서 수행되었다. 마지막으로, 언어사용의 전체적 유형들에 초점을 두었는데 그 유형들은 본질적으로 수작업 분석을 통해서는 식별될 수 없는 것들이다.

현재로서는 출판된 자료의 수가 제한되어 있고, 로망스어 자료가 과다하고, 그리고 번역된 텍스트와 원전텍스트 사이에 적절한 수준의 균형을 유지하는 것이 어려워, 코퍼스 설계가 제한되어 있다 (4.1절을 보라). 이러한 문제점들은 차후의 연구에서 다루어져야 할 것이다. 그럼에도 불구하고, 이 새로운 방법론은 지금까지 살펴본 유형들이 원전언어, 번역자 및/또는 작가의 성별, 번역 수행 방향 (즉 모국어로 또는 모국어로부터, 또는 상용어로) 등과 같은 요인들에 의해 영향을 받는 정도를 평가하기 위해 결실 있게 사용될 수 있다고 필자는 생각한다. 이러한 목적을 위해 채택할 수 있는 절차는 후자의 각 특성이 차례로 통제되는 특별한 하위 코퍼스를 만들어 비교하는 것으로 구성될 것이다. 그러나 단일어 비교코퍼스에 기초한 방법론은 왜 특정한 유형들이 나타나며 어떻게 그것들이 생기는지에 대해서는 설명해주지 못한다. 이 연구에서 채택된 코퍼스설계 및 분석방법들은 번역의 기저과정들보다는 번역의 최종 산물의 특성들에 초점을 맞추고 있다. 번역을 전적으로 목표언어 환경 속의 산물로서 연구할 때 결과적으로 특정한 유형들을 야기하였을지도 모르는 가능한 원인들에 관한 암시적인 제언들을 제시할 수 있을 뿐이다. 그 결과들에 대한 설명을 찾기 위해서는 번역 구성요소의 원전텍스트들을 포함하는 또 다른 코퍼스를 병행하여 만들어 분석할 필요가 있을 것이다. 마지막으로, 이 연구는 보편소로서의 단순화 가설이 번역 영어에 적용되는 정도를 평가한다. ENPC, 핀란드어 비교코퍼스 (Finish Comparable Corpus) 및 CEXI (4.1절; 4.2.5절, 6장을 보라) 등과 같은 다른 언어들에서 현재 수행되고 있는 유사한 프로젝트들은 번역 언어의 보편적 특성들을 밝히는 데 큰 공헌을 할 것이다. 코퍼스언어학에 의해 제공된 것과 같은 일반적인 방법론의 이용가능성은 전 세계의 학자들이 초기의 가설을 점진적으로 수정하고 더 정확하고 많은 예측을 제시할 일관된 증거자료들을 구축할 목적으로 비교가능하고 신뢰할 수 있는 자료들을 구축하여 교환할 수 있도록 해주는 정확히 그러한 이점을 가지고 있다.

4.2.2.2 번역 영어 및 번역 노르웨이어 속의 명시화

Blum-Kulka에 의해 제시된 명시화 가설을 검증할 목적으로 수행된 연구에서, Øverås는 Stig Johanson의 지휘 하에 Oslo대학교 영미학과에서 편찬된 양방향 영어-노르웨이어 병렬코퍼스(English Norwegian Parallel Corpus: ENPC)에서 발췌된 영어 및 노르웨이어 소설 번역본들로 구성된 2개의 하위코퍼스를 사용한다. 그녀는 노르웨이어에서 영어로 그리고 영어에서 노르웨이어로 번역할 때 응집력 수준이 상승할 수 있다는 가설을 세웠다. 그 두 코퍼스에 나타나는 명시화(explicitating) 및 암시화(implicitating) 전이들의 분포를 비교한 결과 노르웨이어-영어의 번역본에서는 명시화의 수준이 낮음에도 불구하고, 번역 영어와 번역 노르웨이어 모두에서는 명시화하려는 전반적 경향이 있음이 나타났다. 그러므로 그녀의 연구결과는 명시화 가설을 입증해주며, 번역된 영어 및 번역된 노르웨이어 모두에서 문법적 및 어휘적 장치의 수가 증가함을 보여준다.

아래의 예들은 번역의 방향과는 무관하게 일어나는 응집력 증가의 2가지 유형들을 예시해준다. Øverås는 그것들을 "첨가(addition)" 및 "세분화(specification)"라 부른다.

첨가의 예들은 원전텍스트에는 없는 문법적 또는 어휘적 항목들을 번역에 삽입하는 것을 포함하며, 그 삽입은 목표텍스트를 더 명시적이되게 만든다.

영어-노르웨이어 번역:

(1) The definitive face that begins to emerge with adolescence was **long, slender**, and tenderly responsive beneath thick-browed,

great black eyes ringed with dark skin as if in physical manifestation of deep thought.

Det endelige ansiktet som formet seg i de første ungdomsårene var **lnagt og smalt** og følsomt med store sorte øyne under tykke øyenbryn, omgitt av mørk hud, som et fysisk uttrykk for tankekraft.

*직역: **long and slender**

(2) **It lived** in yet another shadow, being equidistant from the Mendip Mast and Glastonbury Tor.

Den levde sitt liv under nok en skygge, midtveis mellom Mendip-masten og Glastonvury-varden.

*직역: **It lived its life**

노르웨이어-영어 번역:

(3) Han hadde et humoristisk glimt i øynene, og en gang **jeg var på vei inn, han på vei ut**, sa han i forbifarten: Inn til vanningsstedet?

*직역: **I was on the way in, he on the way out**

His eyes had a humorous gleam in them and once, when **I was**

on the way in and he was on the way out, he said as he passed me: Going into the watering-hole?

(4) Den hvite mannen **knipser.**

*직역: **The white man clicks**

The white man **clicks his camera.**

세분화의 예들은 원전텍스트에 있는 문법적 및 어휘적 항목들을 번역에서 확장 또는 치환하는 것을 포함하며, 그 확장 또는 치환은 결과적으로 명시성을 더 높여 준다.

영어-노르웨이어 번역:

(1) They were supposed to stay at the beach a week, but neither of them had the heart for it **and they decided** to come back early.

De skulle egentlig vært pa stranden en uke, men ingen av dem hadde lyst til å bli der lenger, **så de bestemte seg** for å drahjem tidligere.

*직역: **so they decided**

(2) Her companion hesitated, **looked at her**, then leaned back and released the rear door.

Den andre kvinnen nølte og **så på piken**, så snudde hun seg og trakk opp låseknappen på døren bak.

*직역: **looked at the girl**

노르웨이어-영어 번역

(3) Men når han lukket øynene kunne han se for seg de trygge, jordete nevene til faren, de gode øynene til moren og det rynkete, gamle ansiktet til **bestemor Gælion** der hun satt og rugget fram og tilbake og fortalte underlige eventyr og sagn.

*직역: **grandmother Gælion**

And when he closed his eyes, he could picture his father's protective, earth-soiled hands, his mother's vigilant gaze, and the wrinkled, aged face of **his grandmother Gaelion**, as she sat rocking back and forth, telling strange tales and legends.

(4) Patric var en from mann som **ble hellig** etter at hand døde.

*직역: **became holy**

Patric was a pious man who **was made holy** after his death.

Øverås는 Blum-Kulka가 제한된 원전 및 목표 텍스트 분석들을 기초로

직관적으로 제안한 명시화라는 언어학적 개념을 강화하여 이를 넘어선다. 그녀의 연구는, 양방향성 병렬코퍼스의 사용 덕택에, 두 접촉 언어들의 특정한 특성들의 영향을 제거하려고 시도하는 한에서는, 엄밀하다. 더욱이, 그녀는 명시화 현상을 설명해 줄 수 있는 다양한 요인들을 고려한다. 예를 들면, 번역이라는 중재과정에 내재하고 있는 제약들뿐만 아니라, 원전 및 목표 언어들에 널리 나타나는 문체상의 특성들, 그리고 목표언어의 문법규칙들이나 또는 문화결속된 번역규범들의 결과로 생기는 의무적인 전이들을 고려한다. 그녀는 또한 텍스트의 가독성 증가라는 공통적 효과를 기초로 명시화를 중립화(neutralisation) (번역에서 흔하지 않는 언어관계보다는 흔한 언어관계를 선호하거나 은유보다는 직유를 선호하는 경향)와 연결지으려고 시도한다. 그렇게 하면서 그녀는 보편소들이 잘 정의된, 명확히 구분된, 범주들로 간주될 수 있다는 가정에 대해 암시적으로 의문을 제기한다. 명시화 현상에 관한 다른 요소들을 밝혀내는 것은 대단한 일이며 그것은 여러 학자들의 협력된 노력을 필요로 한다. Øverås가 분명히 보여주는 것은 코퍼스 자료의 이용가능성 덕분으로 보편소와 같은 개념들의 혼합성과 복잡성을 사회문화적 관점에서 어느 때보다도 더 심도 있게 분석할 수 있는 가능성이다.

명시화 가설을 검증할 목적으로 잘 설계된 또 다른 연구는 Olohan and Baker(2000)의 연구인데, 이 연구는 번역 및 원전 영어에서 전달문의 *that*의 생략 및 포함에 관한 언어학적 비교분석에 기초를 두고 있다. 저자들은 비번역된 영어와 비교해서 번역된 영어에서 전달동사의 사전표제어 *say* 및 *tell*의 여러 형태들과는 *that*의 사용이 현저히 선호된다는 것을 발견한다. 이 연구결과는 *hope, know* 뿐만 아니라 *think, believe*와 같은 주관적 동사와 *suggest, admit, claim*과 같은 객관적 동사들과는 선택적 *that*의 사용 빈도수가 상대적으로 높다는 것을 보여주는 Burnett (1999)의 연구결과와 일치한다. 이 두 연구의 결과는 번역된 영어에서의 통사적 명시화를 뒷받침하는 일관된 증거를 제공해주는데, 이 통사적 명시화는 원전텍스트 독자들과 목표텍스트 독자들 간의 지식의 차이를 메우는 것이 목적인 설명적 정보의 첨가와는 달리, 번역 과정 자체에 내재하는 잠재의식적 현상이라 가정된다.

코퍼스기반 연구에 의해 산출되는 정보의 풍부함 때문에, 명시화의 개념은 이제 그 현상의 다양한 새로운 언어학적 및 사회언어학적 양상들을 고려하는 더 명확하며 더 일관된 방식으로 개념화될 수 있다.

4.2.2.3 문학 번역 속의 규범화

Clarice Lispector가 브라질 포르투갈어로 쓴 소설 *A Hora da Estrela*와 작고한 Giovanni Pontiero가 그것을 번역한 번역본 *The Hour of the Star*에 대한 Scott(1998)의 분석은 규범화(normalisation) 현상을 다루고 있다. 그런데 규범화라는 이 용어는 "특유한 텍스트 특성들을 목표 언어 및 문화의 형태와 규범에 따르도록 번역자가 때로는 의식적으로 때로는 무의식적으로 만드는 것"을 가리킨다 (Scott 1998: 112). 텍스트의 선택은 2가지 요인에 의해 결정되었다. 하나는 작가가 독특한, 어려운, 복잡한 문체를 사용한다는 인식이다. 그러한 문체는 등장인물들의 새로 생겨난, 미완성의, 불확실한 생각들을 표현하기 위해 어휘, 통사구조 및 구두점에 의해 제공되는 가능성들을 최대한으로, 심지어는 규범을 무시할 정도로까지, 사용한다. 다른 하나는 "조각나고, 불완전하며, 모호하고 중의적인" 원전 작품에 비해서, 번역본이 영어로 이해하고 따르기에 더 쉬운 텍스트라는 필자의 개인적 인상이다 (Scott 1998: 265). 목표텍스트에서 텍스트 상으로 어떠한 변화들이 일어나고, 그리고 어느 정도로 그 변화들이 번역의 규범화에 기여하는지를 검토하기 위해 채택된 방법론은 *WordSmith* 도구가 제공하는 일련의 컴퓨터 도구들의 사용에 기초를 두고 있으며, 그리고 번역자에 의해 이행된 변화들을 원전텍스트와 대비시켜 구분하고 비교하는 것으로 구성된다. Scott은 원전텍스트 전체에 획일적으로 퍼져있는 부정어 유형 *nao*의 단순한 반복 유형이 영어 번역본에서는 어떻게 번역되어 나타나는지를 살펴본다. 그녀는 1개 유형 *nao*가 72개의 다른 유형으로 번역되었으며, 그리고 가장 중요하게도, 50회나 생략되었음을 발견하였다. 텍스트 정렬 프로그램의 도움으로, Scott는 우선 각 *nao*의 출현이 어떻게 번역되었는지를 살펴보고, 그 다음에는 번역자의 선택들을 7개 범주로 분류하여 가장 부정적인 단어에서부터 (예를 들어, *not* 및 *n't*) 생략에 이르는 척도 위에 순서대로 배열한다. 이 척도의 양 극단은 규범화의 두 축, 즉 목표언어의 체계적인 제약으로 인한 규범화와 번역자 자신의 선호의 결과로 생기는 규범화를 나타낸다. 저자는 번역자의 선택들이, 의식적이든 아니든, 의무적이든 선택적이든, 단일 단어 *nao*를 반복하는 누적효과를 붕괴시키고, 그 최종 결과는 원전텍스트에서 만들어진 부정의 뜻이 분산되었음을 암시한다.

이 연구의 새로운 점은, 필자의 견해로는, 규범화하는 전이들이 전체 번역된 소설에 미치는 전반적인 효과를 찾아내기 위해서 *WordSmith* 도구가 제공하는 다양한 도구들(WordList 단어목록, KeyWords 핵심어, Viewer 보기, Concord 어구검색)을 통일성 있게 이용하는 코퍼스기반 방법론을 최초로 사용한 점에 있다. 이것은 선정된 텍스트들로부터 무작위로 뽑은 소수의 단락에 국한되는 경향이 있는 전이(shifts)에 관한 전통적인 연구로부터의 전환을 나타낸다.

번역에서 "목표언어의 특성들을 과장하고 그리고 목표언어의 전형적인 유형들에 따르는" 경향이라고 (Baker 1996: 183) 정의되는 규범화는 Kenny(1999)의 연구의 초점이기도 하다. 이 연구의 목적은 현대 실험적 독일 문학 텍스트들과 그것들의 영어 번역본들로 구성된 2백만 단어 병렬코퍼스에 나타나는 어휘적 창의성과 어휘적 규범화를 연구하기 위한 방법론을 개발하는 것이었다. 우선 새로운 단어형태들은 독일어-영어 문학텍스트 병렬코퍼스(German-English Parallel Copus of Literary Texts: GEPCOLT)의 원전언어 코퍼스에서 빈도순으로 배열된 단어형태 목록으로부터 선정된 잠재적으로 창의적인 단회출현단어(hapax legomena: 코퍼스에서 단 1회만 나타나는 단어형태)의 검색 및 분석을 통해 확인된다. 그 다음에 그들의 창의적 사용은 사전편찬의 원전, 원어민 화자, 독일어의 일반적 참조 코퍼스인 만하임 코퍼스(Mannheim Korpora)를 찾아봄으로써 입증된다. 이중어 어구검색 프로그램의 도움을 받아 이들 창의적 어휘항목들에 상응하는 영어 번역들이 분리되며, 그리고 그것들의 창의성은 사전, 원어민 화자의 판단, 그리고 영어의 일반적 참조 코퍼스인 BNC (British National Corpus)에 의해 제공되는 정보를 이용하여 평가된다. 새로운 단어형태 뿐만 아니라, Kenny는 독일어 코퍼스에서 친숙한 고빈도 검색어 *Auge*가 나타나는 비정상적 연어들을 어구검색 소프트웨어를 통해서 구분하고 자세히 연구하였다. 철자상의 새로운 형태, 새로운 파생형, 동사에서 도출된 새로운 복합명사 및 다른 새로운 복합어들을 포함하여 독일어 코퍼스에 발견된 새로운 단어형태들의 44%가 영어 번역에서는 규범화되는 것으로 나타났다. 그러나 사전표제어 *Auge*를 포함하는 창의적 연어들은 16%가 규범화되었는데, 그 창의적 연어들은 보통의 연어의 사용, 해체된 복합어들, 어휘적 응집성 연결장치에 의해 인접 텍스트들에 특별히 결속된 창의적 연어들, 다른 특이한 연어들, 그리고 반복된 특유한 연어들로 구성되었다. 더욱이, 이 연구결과들은 규범화된 단회출현단어 사례들의 17%에서 보상(compensation)이 일어나고 규범화된 비정상적인 연어의 사례에서는 전혀 그렇지 않다는 것을 암시한다. 어휘적 창의성의 기저에 깔려 있는 단어형성 과정과 같은 요인들과, 번역된 텍스트의 저자, 번역자 및 발행인에 관한 정보와 같은 인구통계학적 요인들도 규범화 현상에 영향을 줄 수 있는 요소들이라 Kenny는 생각한다.

　　단순화 및 명시화에 관한 코퍼스기반 연구와 마찬가지로, Scott 및 Kenny의 연구들은 번역의 보편소들에 관한 새로운 사실들을 밝혀주고, 또한 그 사실들은 추후 더 높은 수준의 연구에서 검증하고 확인할 더 자세한 가설들을 제안해주기 때문에, 그리고 복제되어 다른 언어조합들에도 적용될 수 있는 통일성 있는 새로운 방법론들을 제안하고 발전시켰기 때문에, 아주 훌륭하다.

4.2.2.4 평준화와 합치: 새로운 보편성?

코퍼스기반 연구에 의해 개발된 방법론의 아마도 가장 두드러지고 동시에 가장 흥미로운 양상은 그것이 응용적 및 기술적 연구 모두에서 개방적이라는 점이다. 문헌에서 발췌된 가설들은 가끔 번역행위에서의 추정된 관계 및 규칙성에 대한 단순한 확인이나 반박의 범위를 넘어서는 분석들의 출발점이 되기도 한다. 이에 대한 주목할 만한 예는 비교 가능한 원전텍스트들에 비하여 번역된 신문기사 텍스트들이 단순화의 3가지 변인, 즉 유형/실현 (단어의 사전표제어 형태 / 개별 실현) 비율, 어휘적 밀도, 평균 문장길이에 있어서 더 획일적이라는 연구결과이다(Laviosa-

Braithwaite 1996; Laviosa 1998b). 이 결과는 ECC의 번역된 신문기사들과 비번역된 것들 간의 차이가 얼마나 뚜렷한지에 관한 통계적인 평가의 일부로서 분산(variance) 값을 계산하여 얻어진 것이다. 분산은 평균값 주위에서의 점수의 변화 또는 편차에 대한 통계적 척도이다. 그것은 한 집단이 동질성을 결여하는 정도를 나타내며, 그래서 그 값이 더 높을수록 그 집단은 동질성이 더 적다. 단순화의 3가지 척도 모두에서 (특히 평균 문장길이에서) TEC 기사들의 분산값이 더 낮은 것은 번역 텍스트들이 비번역 텍스트들보다 덜 특유함을 나타내는 것 같다. 이러한 특성은 Vanderauwera(1985)가 네델란드어 소설들의 영어 번역본들에 관한 자기의 연구에서 발견한 "텍스트적 관행성"의 추가적인 양상으로 간주될 수도 있으며, 그리고 그렇게 간주된다면, 그것은 번역에서 규범화의 일반적 현상을 뒷받침하는 증거를 제공해 준다. 이와는 대조적으로, Baker(1996)는 이 연구결과를 "평준화(levelling out)"라고 부르는 새로운 일반적인 번역상의 현상의 표현으로 간주하는데, 이 용어는 영어-히브리어 및 히브리어-영어 모두의 동시통역 텍스트들에서 구어에서 문어로 그리고 그 역으로 일어나는 전이(shifts)를 지칭하기 위해서 처음으로 Shlesinger(1989)가 만든 신조어를 차용한 것이다. 그녀의 연구는 통역이 통역의 방향과는 독립적으로 문어 유형의 원전텍스트를 더 구어적으로 만들어준다는 점을 보여준다. 그 연구는 또한 구어 유형의 히브리어 원전텍스트들이 더 문어적으로 만들어진다는 점도 보여준다 (Shlesinger 1989: 170). Baker가 제안한 대로의 평준화는 번역 텍스트들이 "연속체의 중심을 향해 끌리는" 경향을 가리킨다. 이 개념을 표현하는 다른 방식은 번역 텍스트들은 주어진 언어적 특성들과 관련하여 서로 유사해지려는 경향이 있다고 말하는 것이다. 필자는 번역 텍스트들이 비교 가능한 비번역 텍스트들에 비해 분산값이 상대적으로 낮은 것은 필자가 앞서 제안했던 규범화의 범주 속에 동화되는 것이라기보다는 또 다른 번역의 보편소라고 간주되는 것이 더 좋겠다는 Baker의 의견에 동의한다. 그러나 필자는 번역된 텍스트들에 의해 지금까지 보여진 상대적으로 더 큰 동질성은 구어-문어 연속체의 중심을 향해 끌리는 통역된 텍스트들의 관찰된 경향과는 아주 다른 것 같은 현상을 확인시켜준다고 생각한다 (Shlesinger, 1989). 구어에서 문어로 그리고 그 역으로의 전이들에 관한 Shlesinger의 분석은 우선 원전텍스트 대 목표텍스트의 패러다임 속에서 이해된다. 결과적으로, 텍스트 상의 변화들은 양 극단을, 즉 현저하게 구어체인 유형 및 현저하게 문어체인 유형을, 가진 하나의 연속체를 기초로 하여 평가되며, 그 연속체의 변인들은 언어이론들을 기초로 연역적으로 확립되며 선택된 두 원전언어, 즉 영어 및 히브리어에 대해 동일하다. 그와는 대조적으로, 본 연구에서 수행된 분산 분석은 번역 대 비교 가능한 비번역 코퍼스 패러다임 속에서 이해된다. 그러므로 중심을 향해 모이려는 번역된 텍스트들의 경향에 관한 평가는 동일한 척도의 2개의 별개 연속체들에 기초를 두는데, 그 하나는 TEC, 그리고 나머지 하나는 NON-TEC에 대한 것이다. 각 연속체의 양 극단은 차후에 경험적 증거에 비추어 검증되는 독립적인 이론적 기준들을 기초로 선험적으로 설정되는 것이 아니라 각 코퍼스에 대해 귀납적으로 정해진다. 텍스트 점수들의 평균값 주위의 분산도는 각 연속체 속에서 별도로 결정된다. 그 다음에 두 편차는 비교된다. 번역 코퍼스의 편차는 자체적으로는 그것의 텍스트들이 주어진 척도 (예를 들면, 유형/출현, 어휘적 밀도, 또는 평균 문장길이) 상에서 평균값 주위에 차지하는 상대적 위치에 대해서는 아무것도 알려주지 않는다. 우리가 각 코퍼스에 속한 텍스트들의 유사성 정도에 관해 결론을 내리려고 시도할 수 있는 것은 이 값이 다른 코퍼스의 값과 비교될 때 뿐이다. 이와는 반대로, 만일 우리가 현저한 구어성과 현저한 문어성의 양 극단을 특징짓는 특성들이 무엇인가에 대해 동의한다면, 우리는 구어-문어 연속체 상에서 개별 텍스트의 위치를 다른 텍스트와는 독립적으로 설정하고, 그리고 그것이 그 연속체의 중심이나 어떤 지점과 떨어진 거리를 평가할 수 있다. 또한 어떠한 두 텍스트 (예를 들어, 원전텍스트 및 그것의 번역본, 두 번역된 텍스트, 또는 두 원전텍스트)라도 그들 사이의 거리를 계산할 수도 있다.

그러므로 Shlesinger가 발견한 것은 개별적인 번역된 텍스트들이 독립적으로 정의된 구어-문어 연속체의 중심을 향해 끌리거나 전이되는 경향인 것 같다. 반면에 필자가 관찰한 것은 번역된 텍스트들 뭉치가 자기네 점수의 평균값 주위로 모이는 높은 수준의 밀집도이다. 이 현상들은 개념적으로나 방법론적으로 모두 서로 다르다고 필자는 생각한다. 이러한 이유 때문에, 필자는 서로 다른 명칭을 부여하여 그것들을 구분하고 싶다. "합치(convergence)"는 단순화와 같은 보편적 특성들의 주어진 척도 상에 나타나는 점수와 관련하여 번역된 텍스트들의 높은 수준의 동질성을 가리키도록 사용될 수 있다. 이와는 대조적으로, "평준화(levelling out)"는 통역작업이나 번역작업에서 구어-문어 또는 유사하게 미리 정의된 연속체를 따라 일어나는 전이들을 가리키도록 사용될 수 있다. 이 두가지 모두는 자체적으로 연구할 가치가 있는 번역상의 일반적 현상으로 설정될 수 있다.

4.2.2.5 더 많은 보편소기반 연구들

번역된 텍스트의 보편적인 특성들에 대한 탐색은 번역 언어의 특정성의

3가지 주요 양상들에 대한 연구 및 정비의 수준을 넘어섰다. 가장 주목할 만한 것으로, Tirkkonnen-Condit(2000)은 주어진 언어에 특유한 (즉 다른 언어들에서는 직접적인 해당 항목들이 없는) 그러한 형태들과 기능들은 그 언어로 옮겨진 번역본에서도 빈도가 낮게 나타난다고 예측하는 유일 항목가설(Unique Items Hypothesis: UIH)을 제안하였다. 이는 이 항목들이 "문맥에 아주 잘 맞는 곳에서라도 번역가들에게는 우선 선택의 대상으로 떠오르지 않기" 때문이다. Tirkkonnen-Condit은 핀란드어에 특유한 어휘적 영역, 즉 충분함과 가능성의 의미를 나타내는 동사영역에 속하는 20개의 핀란드어 동사를 가지고 이 가설을 검증하였다. 핀란드어 비교코퍼스(Finnish Comparable Corpus; FCC)에서 학술산문과 픽션의 2가지 텍스트 범주가 선정되었다. 번역된 핀란드어 및 비교 가능한 원전 핀란드어에서의 빈도수의 비교분석은 픽션에 대해서는 그 가설을 입증시켜 주지만, 학술적 텍스트에서는 그렇지 않다. 이 동사들의 문법적 및 연어관계적 유형을 분석해보면 두 텍스트 장르 모두에서 차이점들을 발견할 수 있는데, 그 차이점들은 번역된 핀란드에 비해 원전 핀란드어에서 구조상으로 더 큰 다양성을 보여준다.

FCC는 보편소에 관한 또 다른 연구를 위한 주요 자료원천이었다. 그것은 번역 및 비번역 핀란드어 학술산문과 대중적 비소설 속의 상위언어(metalanguage)에 관한 비교연구이다. Mauranen(2000)은 Toury(1995)의 간섭법칙과 Robinson(1997)의 주장으로부터 도출된 2개의 가설을 제시했다. 여기서 Robinson의 주장이란 아주 권위가 있는 지배적인 문화에서 피지배 문화로의 번역들은 넓은 대중적 독자층을 겨냥하고 있어서 유창하고 접근가능한 문체로 쓰여지는 경향이 있다는 것이다. Toury에 따르면, "번역에서는 원전텍스트의 구성에 관한 현상들은 목표텍스트로 옮겨지는 경향이 있다"(Toury 1995: 275). 주어진 문화가 간섭을 견뎌내는 정도는 두 언어집단의 기저에 깔려 있는 지배와 권위의 관계에 의해서 영향을 받으며 그래서 소수 언어들은 주요 언어로부터 간섭을 더 쉽게 수용한다. 더욱이, 이 법칙의 운용은 또한 번역되어지고 있는 텍스트 장르의 유형에 의해서도 영향을 받는다. 이러한 이론적 가정들과 일관성 있게, Mauranen은 2개의 가설을 제시한다. 첫 번째 가설은 상위언어는 핀란드어보다는 영미의 학술논문에 더 흔하기 때문에, 영어에서 핀란드어로 번역된 학술 텍스트들과 대중적 비소설은 원전 핀란드어에 비해 텍스트의 구성을 나타내고, 텍스트에 대한 논평을 제공하고, 독자를 안내하는 기능을 가지는 어휘항목들의 빈도가 더 높다는 점을 보여줄 것이라는 것이다. 두 번째 가설은 영어로부터의 적극적인 간섭은 대중적 비소설에서 덜 두드러질 것이라 예측하며, 따라서 대중적 비소설은 학술산문과 비교해서 목표언어 규범에 더 가까울 것이다. 일반적인 예측된 경향들은 확인되었다. 그러나 주어진 어휘항목들의 비전형적인 행동은 더 많은 분석들을 촉발하였으며, 또 그 분석들은 번역 언어의 특정성에 대한 더 많은 통찰력들을 제공하였다. 특히, *on the one hand* 및 *on the other hand* 모두에 해당하는 연결어 *toisaalta*는 번역 핀란드어보다 원전 핀란드어에 더 빈번하다. 그것은 영어에는 직접적인 상응어가 없어 보통 *on the other hand*로 번역된다. 그러므로 번역 핀란드어에서 그것의 과소표시는 Tirkkonen-Condit의 UIH와 부합한다.

4.2.3 보편소: 더 이상 주장할 수 있는 개념이 아니다?

위에서 검토한 연구결과에 비추어 볼 때, 번역 언어의 보편소들에 대한

코퍼스기반 연구는 상당한 진전을 이루었으며 다음과 같은 많은 장점들을 가지고 있다고 결론지을 수 있다:

1. 초기의 직관적이며 다소 모호한 보편소에 대한 개념을 명확하고, 자세하고, 운용 가능한 연구가설로 발전시켰다.

2. 소규모의, 수작업의, 언어쌍 및 텍스트 장르 특정적인 연구에서 대규모의, 체계적인, 비교 가능한, 목표지향적인 연구로 진전하였다.

3. 선행연구에 의해 산출된, 누더기를 기운, 다소 미확정적인 연구결과들로부터, 동향과 예외들을 모두 고려하는 더 일관성 있고 더 풍부한 증거로 진전하였다.

4. 주로 언어학적 전통에 뿌리를 두고 있는 보편소 개념에 관한 이론적 설명들로부터, 코퍼스기반 연구들은 문학 생산의 전체적인 다체계 속에서의 한 언어의 상대적 위상과 특정 문학 장르의 위치와 같은 사회문화적 요소들을 포함한 광범위한 요인들을 고려하기 시작하고 있다. 이 발전은 연구대상의 현상에 관하여 기술에서 인과관계의 설명으로의 중요한 전이를 나타낸다.

최근에 번역의 일반적 법칙들에 대한 탐구와 함께 보편소의 개념은 이론적 및 경험적인 근거로 인해 일부 학자들에 의해 의문시되었다. 이론적 입장에서, 보편소는 시대착오적 개념이며, 객관성을 열망하여 현실을 이해하는 방식으로서 직관과 해석의 가치를 훼손하는 실증론이라는 지적 교리의 산물이며, 20세기 초기부터 자연과학 및 사회과학에서 연구대상, 관찰행위, 관찰자 사이를 엄격하게 구분하는데 대해 이의를 제기해

온 현대적 사고의 관점에서는 더 이상 견지될 수 없는 입장이라는 비판을 받았다 (Tymoczko 1998; 2001 출판예정). 만일 기술과 해석이 분리될 수 없다면, 모든 연구 프로젝트를 수행하는 과정에서 수집된 모든 경험적 증거는 특정한 학파에 속하는 연구자 개인이나 집단이 견지하는 특정한 이념이나 관점을 기초로 이해되고 설명되어질 것이라고 주장된다. 자료를 수집하는 과정과 그것을 분석하는데 사용되는 도구는 연구자의 관점에 의해 영향을 받는다. 따라서 학자들이 번역 행위의 규칙성에 관한 가설들을 제시하고, 그리고 뒷받침하는 경험적 증거를 기초로 번역의 보편적인 특성들이 있다고 주장할 때, 그들의 주장은 "자체의 국부적인 그리고 역사적으로 이념적으로 결정된 결론들을 일반적인 그리고 중립적인 "법칙"으로 끌어가려고 시도할 뿐만 아니라 (불가피하게도) 다른 국부적인 진술들이나 가설들을 무시할 정도까지 근본적으로 권위주의적이다" (Arrojo 2000: 159).

경험적 관점에서는, 보편소기반 연구의 패러다임 속에서 가정된 일반적 동향을 따르지 않는 사례들이 발생함은 보편소들을 번역된 텍스트에서의 규칙성을 이해하기 위한 유효한 개념이라고 주장할 수 있느냐에 대해 의문을 제기한다고 주장된다. 예를 들면, 번역자들의 창의성에 관한 Kenny(1999)의 연구결과들은 번역의 보편적 특성으로서 규범화의 개념의 타당성에 의문을 제기한다고 주장된다. 원전텍스트에 의해 제기된 본질적으로 동일한 문제에 대해서 번역자들마다 다르게, 또는 동일한 번역자라도 계기에 따라 다르게, 반응한다는 사실은, Kenny의 주장에 따르면, "규범화는 규범의 지배를 받는 행위라는 가설에 무게를 실어준다. 규범화는, 절대적 필요기보다는, 만일 그것이 번역 보편소의 표현으로 접근된다면, 그렇다고 예측할 수 있겠지만, … 경향을 나타낸다" (Kenny 1999: 232).

역설적으로, 번역의 보편적 법칙들을 연구하기 위해 개발된 기법들의 정교함으로 인해 그 법칙들에 대한 현재의 연구가, 보편소라는 바로 그 개념이 최선의 경우에는 쓸모 없는 또는 경험적 뒷받침이 없는 원칙으로 그리고 최악의 경우에는 오만한 추정으로 간주되고 있으므로, 결국에는 헛된 결실 없는 연구로 판명될 가능성은 없을까? 필자는 그렇다고는 생각하지 않는다. 그것을 정적인 절대적인 범주, 베일이 벗겨져야 할 자료, 또는 모든 상황에서 번역자의 선택들을 설명할 수 있는 "절대적 필요"로 간주하지 않고, 오히려 그것을 기술적 개념, 개방적인 운용가설로 간주한다면 기술번역학의 현황을 제시하는데 여전히 효과적으로 이용될 수 있다. 만일 이렇게 이해된다면 번역의 보편소들은 단순히 그들의 존재를 간단히 확인하거나 논박하는 것에 목표를 두지 않고 번역된 텍스트 및 번역행위의 본질에 관한 점점 더 많은 양상들을 발견하고 언어를 문화와 연결하는 복잡한 상호적 관계에 관한 인식을 높이는 것을 목적으로 하는 연구에 정보와 영감을 줄 수 있을 것이다.

번역행위에 관한 보편적인 법칙들은 다양한 번역 현상들 사이의 확률적 관계들을 나타낸다 (Toury 1995). 이들 관계는 절대적인 것이 아니며, 또한 민족중심적인 관점에서 이해되지도 않으며, 그것들은 다양한 (역사적, 사회학적, 이념적, 정치적, 인지적, 물리적, 심리적) 조건 하에서 서로 다른 방식으로 작용하는 무수한 언어적, 인구학적, 문화적 변인들에 의해 영향을 받는 것으로 믿어진다. 방법론적으로 건전하며 경험적이고 체계적인 통시적 및 공시적 연구는 번역행위의 특정성과 규칙성의 기저를 형성하는 상호관계들의 미로를 점차적으로 해명할 것이라는 Toury의 의견에 필자는 동의한다. 이 장에서 충분히 설명된 코퍼스기반 연구들의 신축성과 개방성은 이 장기간의 폭넓은 연구 프로그램에서 중요한 역할을 할 수 있다. 만일 번역 보편소의 확률적 본질을 인식한다면, 동향들과 그 동향들에 대한 반례들이 함께 나타나도 그 개념 자체의 타당성에 대한 나쁜 결과가 전혀 없어 편안함을 느낄 수 있다. 실제로 흥미로운 반례들이 나타난다. Kenny의 연구에서는, 모든 번역들이 규범화되는 것은 아니며 또한 원래의 특유한 용법에 대한 창의적인 번역의 예들도 있다. Øverås는 명시화(explicitation)가 암시화(implicitation)와 공존함을 보여준다. 필자가 단순화에 대해 ECC에서 발견한 증거는 분석된 모든 텍스트 유형들에서 그리고 고려된 모든 변인들에 대해서 획일적인 것은 결코 아니다. Mauranen의 간섭법칙에 대한 확인은 조사된 어휘항목 중 일부는 독특한 행위를 보여 그녀가 그것을 더 연구하고 그것을 다른 개념들과 가설을 가지고 설명하도록 자극했다는 사실을 은폐하지는 않는다. 보편소기반 연구들이 밝히고자 하는 것은 전부가 아니면 전무인 현상들의 존재가 아니라, 경향들, 동향들, 그리고 기이한 행동이 없는 활기 없고 무미건조한 환경에서 나타나는 것이 아니라 풍부하고 복잡하고 역동적인 다양성과 대조의 세계로부터 생겨나는 규칙성들이다.

4.2.4 보편소 연구의 범위를 넘어

번역 언어의 특정성을 연구하는 일에 대한 관심은 크지만, 경험적인 코퍼스기반 번역연구는 보편소의 연구에 국한되지 않는다. 학자들은 번역과 번역작업의 다양해진 영역과 관련된 새로운 현상들을 탐구할 수 있는 코퍼스의 고유한 잠재능력에 의해 고무되었다.

4.2.4.1 번역 전이 및 번역 규범

Munday(1998)는 Gabriel García Márquez가 쓴 스페인 단편소설 *Diecisiete* *ingles envenenados*을 Edith Grossman가 번역한 *Seventeen Poisoned Englishmen*에 나타나는 전이들을 분석한다. 이 두 텍스트에 대한 그의 코퍼스기반 분석은 번역과정에서 일어나는 작은 변화들이 전체 목표텍스트에 미치는 전반적인 영향을 분석하는 것을 목표로 삼고 있다. Van Leuven-Zwart (1989; 1990)에 의해 제안된, 그의 연구의 기저에 깔려 있는 일반적인 원칙은 미시구조적(microstructural) 전이(의미적, 문체적, 화용적 변조, 수식 및 변이)가 거시구조적(macrostructural) 전이의 결과를 가져온다는 것이다. Munday는 특히 어순과 응집성을 검토하였는데, 그것들은 언어의 텍스트적 및 대인관계적 기능들에서 그리고 담화층위에서 미시구조적 변화의 효과가 두드러지는 두 영역으로 Van Leuven-Zwart가 선정한 것들이다.

Munday는 코퍼스언어학으로부터 차용된 다양한 도구들, 예를 들면, 단어 빈도 목록, 텍스트 통계 및 어구검색 결과들을 텍스트의 전반적 구조에 관한 귀납적인 연구를 위한 보조기구로 사용하였다. 단어 빈도 목록은 먼저 원전 및 목표 텍스트들 모두에 대해 만들어지고, 그 다음에 유용한 연구 영역을 찾기 위해서 비교된다. 그는 삽입된 텍스트, 다시 말하면, 원전 택스트의 행간에 번역본에서 수작업으로 입력하여 얻어진 텍스트를 사용한다. 그 다음에, 삽입된 문장에 대해 어구검색들을 실행하며, 그것들을 이용하여 선정된 어휘항목들의 모든 예들에 대한 문맥화된 비교연구를 수행하는데 이는 전체 텍스트에 걸쳐 누적적으로 형성되는 전이들을 살펴보기 위함이다. 이러한 유형의 분석은 주어진 번역의 질을 평가하기 위해서가 아니라, 번역의 산물의 기저에 깔려 있는 의사결정 과정을 이해하고 그것으로부터 번역가에 의해 채택된 번역의 규범들을 추론하기 위하여 수행된다.

Munday의 전문텍스트(full-text) 병렬코퍼스의 첫 800단어에 대한 예비 연구는 응집성과 어순에서의 전이들을 보여주는데, 그 전이들은 이야기의 관점을 1인칭에서 3인칭으로 이동하여 독자를 이야기 속 주인공의 생각, 경험 및 감정과 거리를 두게 하는 전반적인 효과를 가진다.

응집성에서의 전이의 한 예는 스페인어의 정관사가 영어에서 소유격 형용사로 번역된 다음 발췌문에 나타난다.

"Le entrogó la llave **del** cuarto, sin prestarle más atención... la señora Prudencia Linero pasó los cerrojos de **la** habitación. Luego rodó contra la puerta la mesita de escribir y la poltrona, y puso por último **el** baúl ..."

"She [the landlady] handed her the key to **her** room, and paid no further attention to her ... Señora Prudencia Linero bolted the locks in **her** room. After that she pushed the little writing table and the easy chair and **her** trunk against the door ..."

원전텍스트에서는, Munday의 주장에 의하면, 방과 짐가방의 소유자는 등장인물, 해설자 및 독자에 의해 공유되고 있는 특정 상황에 관한 지식을 기초로 하여 확인된다. 번역문에서는, 독자가 그 공유된 지식을 가지고 있다고 가정되지 않기 때문에, 소유격 형용사에 의해 실현된 응집성이 더 강하다. 그러므로 독자는 주인공의 내적 독백으로부터 배제되며 이야기의 초점은 해설자에게로 이동된다.

아래의 예들은 시간과 장소를 표시하는 부가어들의 첫 위치에서의 전이를 보여주는데, 그 전이는 이야기의 시간적 순서를 바꾸고, Munday 의 견해로는, 독자를 이야기 주인공으로부터 거리를 두게 한다.

(1) "La señora Prudencia Linero se sintió **de pronto** en un instante alucinado, metida en una jaula de gallinas ..."
— "**All at once**, in a kind of hallucination, Señora Prudencia Linero felt that she was in a chicken cage ..."

(2) "Ella vio un adolescente lánguido detrás de un mostrador de madera con incrustaciones de vidrios de colores **en el vestíbulo** ..."
— "**In the foyer** she saw a languid adolescent behind a wooden counter with insets of colored glass ..."

스페인어 원전에서는, 행위자(*Prudencia, Ella*)가 제일 먼저 나오고, 그 뒤에 지각동사(*se sintió, vio*)가 나오고, 또 그 뒤에 부사구(*de pronto, en el vestíbulo*)가 나온다. 이 어순을 따라서 독자는 이야기의 주인공의 관점에 서 사건을 경험한다. 번역문에서, 부사 부가어를 맨 앞자리에 놓는 것은 이 과정을 바꾼다. 즉 *all at once*가 사건에 대한 설명으로써 문장을 시작하 고, '*in the foyer*'는 외부 세계를 맨 앞자리에 놓는다.

Munday의 분석은 원전 및 목표 텍스트 쌍에 관한 기술적 검토의 범 위를 넘어서 2개의 통제 참조 코퍼스를 이용하여 번역자에 의해 채택된 규범과 관련지어 전이들을 설명하려고 시도한다. 그 2개의 코퍼스는 1억 단어로 된 British National Coprus와 그리고 번역자의 개인어(idiolect)에 대한 대조 표준으로 사용하기에 가장 가까운 자료뭉치인 1천만 단어 분량의 Associated Press Corpus이다. 4개의 어구가 자세히 검토되었는데, 그것들은 문장 첫머리로 이동된 *in the foyer, since daybreak, all at once* 및 *to her surprise*이다. 분석결과는 하나가 (*in the foyer*) 번역자의 개인어를 반영하고, 반면에 다른 것들은 목표언어 규범들을 따르는 같아 보인다고 암시한다. 이러한 초기의 연구결과는 동일 작가가 쓴 6편의 단편소설집 *Doce cuentos peregrinos*(1992)와 미국영어로 번역된 *Strange Pilgrims*(1993)로 구성된 확장된 코퍼스를 추가로 분석한 것들에 의해서 확인된다. 전체 텍스트에 걸쳐서 Munday가 밝혀낸 주요 전이들로는 유표적인 원전텍스트 주제 유형글의 규범화, 상황 부가어의 전치, 응집성의 강화, 관계대명사의 비격식체 번역, 반복 표현 처리의 일관성 결여가 포함된다. 번역자의 선택을 특징짓는 초기 규범은 수용성(acceptability)을 지향하는 것처럼 보인다 (Munday 1997).

이 연구에서 개발된 접근법은 원래는 원전텍스트-목표텍스트 쌍에 나타나는 번역상의 전이들을 분석하기 위해 체계기능언어학, 코퍼스언어학, 문화연구 및 수용이론을 통합한다. 목표는 번역자의 선택들과 전략들의 기저에 깔려 있는 문화적으로 결정되는 번역 규범들에 대한 정의에 도달하고 그리고 그러한 전이들을 촉발시키는 순수하게 언어적 요인이 아닌 다른 요인들을 확인하는 것이다. Scott(1998)의 연구에서처럼, 코퍼스기반 기법들은 전체 텍스트의 번역에서 형성되는 전이의 유형들을 분석하고 번역자가 추구하는 전반적인 전략상의 주요 동향들을 확인하기 위해 사용된다.

4.2.4.2 다의어의 중의성해소

Geoffroy-Skuce(1997)는 복합어와 같은 수식어+핵어 구조인 *adverse effect*에

서 다의적 법률영어 형용사인 *adverse*의 기능적 중의성을 분석했다. 그녀의 연구는 1993-94년 동안에 민권 및 형법 분야에서 캐나다 영어로 발간된 원전 법정보고서와 그것을 캐나다불어로 옮겨진 번역물로 구성된 250만 단어 분량의 코퍼스에서 선정된 병렬 연어관계 집합에 기초를 두고 있다. 그 분석은 Halliday의 이론적 틀을 기초로 그리고 *adverse*가 나타나는 절의 관념적 기능의 관점에서 수행되었다. 개별적으로 실현된 각 *adverse effect*와 불어로 된 해당 번역 등가어구의 연어관계 문맥을 어휘문법적으로 검토한 결과, *adverse*의 의미는 대인관계적 기능에서 경험적 기능으로 펼쳐지는 연속체를 따라 움직이며, 그리고 불어 번역은 의미적으로는 유사동의어일지 모르나 동시에 기능적으로는 서로 달라 호환성이 없는 등가어구로써 이 의미들의 중의성을 해소한다는 것이 밝혀졌다.

아래의 어구검색 결과들은 *adverse*의 경험적 의미를 예시하는데, 그 의미는 이 예들에서는 법규에 의해 야기되는 *효과*의 질을 정의하기 위해 사용되었다 (소득세법 63절).

(1) another case to prove that s.63 of the Act caused an **adverse effect** for some sub-group of women.

(2) limitations imposed by s.63 might well create the **adverse effect** the appellant must demonstrate.

(3) in this fashion is not to admit that s.63 has an **adverse effect** which subordinates women.

이 예들에서 행위자는 법규(63절)이며, *adverse*는 불어에서 *préjudiciable*로 번역되었는데 이 단어는 부정적인 결과를 모호하게 규정짓는 상당히 중립적인 기술적 형용사이다.

아래의 어구색인 결과들은 *adverse*의 대인관계적 의미를 예시하는데, 그 의미는 이 예들에서는 *효과*를 정의할 뿐만 아니라 불찬성을 암시하는 인간 평가를 기초로 하여 영향을 주거나 감명을 주기 위하여 판사 또는 판사에 의해 인용된 변호사에 의해 사용된다.

(1) "Harm" is a term which in this context connotes an ***adverse effect*** on the child's upbringing that is more than transitory.

(2) noting that a conviction would have an **adverse effect** on the desire of the individual to study accounting.

(3) anticipate in a process which could ultimately have an **adverse effect** in the conduct of an eventual trial.

이 예들에서 행위자는 인간행위이며, *adverse*는 불어에서 *néfaste(s)*로 번역되었는데 이 단어는 "harmful" 또는 "bad"를 의미하기 때문에 부정적인 함축에서 *préjudiciable*보다 훨씬 더 강하다.

이 연구결과는 사전들에 기록된 실제 정보와 의미표지와 관련하여 전문화된 이중어 사전편찬에 대해 함축적 의미를 가진다. 사실상, 저자는 자기의 연구에 의해 강조된 다의적인 법률 관련 형용사들의 미묘하지만 흔하고 중요한 기능변화는 잘 정착된 법률개념들을 나타내는 연어관계들만이 크게 다루어지는 이중어 법률사전에서는 정확히 기록되지 않는다는 점을 지적한다.

4.2.4.3. 문학 번역가들의 문체

2개 이상의 코퍼스 유형들을 포함하는 선행 비교연구들과는 달리, Baker(2000)의 새로운 연구는 단일 자료인 번역영어코퍼스(Translational English Corpus: TEC)의 검토에 기초를 두고 있다. 이것은 유럽과 비유럽 언어들로부터 번역된 텍스트들로 구성되어 있으며, 작성시점의 전체 크기는 7백만 단어였다. 수록된 텍스트 장르는 주로 픽션과 전기문이다. TEC는 Centre for Translation & Intercultural Studies(CTIS)의 웹사이트인 http://www.umist.ac.uk/ctis.를 통해 학문사회에 무료로 개방되어 있다.

Baker는 두 문학 번역가 Peter Bush와 Peter Clark의 문체에 대한 연구를 시도하는데, 그들 각자의 번역된 작품들의 하위 코퍼스에 전형적인 많은 언어적 특성들을 대조하는 방식을 이용하였다. 우선 Baker는 문체에 관해 복합적인 개념을 제시하는데, 문체는 번역할 문학 텍스트 유형에 대한 번역자의 선택, 언어적 선택들의 선호 유형과 같은 특정한 전략들에 대한 번역자의 일관성 있는 사용, 그리고 서문이나 발문, 각주나 용어집의 사용으로 구성된다. 텍스트의 선택에 관해서는, Peter Bush는 주로 해설자의 목소리를 통해 말하는 지적으로 세련된 등장인물들의 세계를 창조하는 정교한 이야기를 가진 스페인어 및 브라질포르투갈어로 쓰여진 작품들을 선호한다는 것이 발견되었다. 이 작품들은 교육수준이 높은 독자층을 가진다. 이와는 대조적으로, Peter Clark은 더 넓은 일반 독자층에 접근가능한 사회적 메시지를 쉽게 전달하는 일상적 이야기를 가진 아랍어 텍스트들을 번역한다. 이 이야기들 속에서 일상의 사람들은 주로 감정에 치중하면서 상호작용한다. Peter Bush의 번역들은 더 높은 평균 문장길이와 더 높은 유형/출현 비율을 나타낸다. 전달동사 *say*의 분석을 보면 Peter Clark은 다른 어떠한 형태보다 단순과거 *said*를 직접화법에서 더 자주 사용하며, 반면에 Peter Bush는 그것을 간접화법에서 전형적인 구조 *as someone said*에 사용하는 경향이 있다. 또한 그는 *says*를 더 자주 그리고 간접화법에서 사용한다. 간접화법은 독자가 허구의 세계 또는 자전적인 세계와 동일시하도록 권장되는 경계가 불분명한 세계를 창조하지만, 반면에 직접화법은 독자에게 직접적으로 분명하게 전달되는 등장인물들의 발화와 생각의 시작과 끝을 명확하게 규정한다. Peter Clark의 번역된 설화에서 직접화법을 사용하는 경향은 원거리의 이질적 문화에 속하는 원전텍스트를 영어 독자층에게 더 읽기 쉽고, 더 접근하기 쉽게 만들려는 잠재의식적 시도에 의해 잠정적으로 설명될 수 있다.

증거가 단일의 자료원천에 기초를 두고 있을 때는 번역자 자신의 문체에 기인될 수 있는 언어적 선택들과 원작자의 문체의 의무적 표현들을 식별하기란 어렵다. 번역자의 문체를 구성하는 다양한 요소들을 완벽하게 설명해 주기 위해서는, 원작들로 구성된 코퍼스를 가지고 비교 병렬분석을 수행하는 것이 필요할 것이다. 이러한 연구의 주요 공헌은, 필자의 견해로는, Baker가 코퍼스기반 틀을 제안한 점에 있는데, 이 틀 속에서는 주어진 문학번역 코퍼스들의 언어적 유형은 원전 및 목표 언어의 상대적 위상, 원전 및 목표 문화 간의 거리, 주제 및 문학장르에 관한 번역자의 선택들 그리고 번역자의 전문적 위상 등과 같은 번역과정의 언어외적 양상들과 연결된다. 필자는 또 다른 유형의 비교를, 즉 원전텍스트-목표텍스트 병렬코퍼스 외에 번역가의 원작들로 구성된 코퍼스의 제작을 포함하는 것을 수행하기 위해서 이 틀을 개작할 것을 제안한다. 먼저 원전 및 목표 텍스트를 분석하여 번역가의 문체의 일관된 특성들이라 간주될 수 있는 주요 전이들을 먼저 골라낸다. 그 다음에는 번역자의 문체가 어느 정도로 원작의 문체를 닮았는지를 알아보기 위해서 그 특성들을 번역자의 창작들로 구성된 참조 코퍼스로써 검토할 수 있다. 이 연구 분야에서는 브라질의 시인이자 번역가인 Augustus de Campos의 작품에서 증거를 찾을 수 있다. 그는 William Blake의 시 *The Sick Rose* (Blake 1902)를 *A Rosa Doente* (Campos 1978)로 번역하였는데, 그의 번역은 원작시를 꾸며서 목표 언어로 된 자신의 창작시의 규범에 더 근접하게 함으로써 규범화되었다 (Scott 1998).

4.2.4.4 번역 영어의 핵심어

TEC를 단일 자료로 활용하는 또 다른 연구는 5개의 의미적으로 연관된 단어들에 대한 필자의 어휘문법적 분석이다. 그 단어들은 번역된 신문기사들의 (*The Guardian* 및 *The European*) 하위코퍼스에서 자주 사용되어 "핵심어"(Williams 1976; Fairclough 1990), 즉 사회적 가치를 구현하고 문화를 전달하기 때문에 사회학적 관점에서 중요한 단어라고 간주될 수 있는 것들이다. 선정된 단어들은 *Europe, European, European Union, Union* 및 *EU*이다 (Laviosa 2000).

그 단어들의 연어적 측면과 관련된 연구결과는 *Europe*은 계류중인 정치적 프로젝트나 정치적 현실로 간주되는 것 같으며, 반면에 다른 4개의 단어들은 EU의 정치적, 군사적, 경제적, 외교적 활동 및 회원자격뿐만 아니라 EU의 일부인 기관들을 가리키는 어휘와 관련이 있다. 연어들의 어느 것도 특유의 긍정적 또는 부정적 의미연상을 나타내지 않으며, 그 것들은 평가적이기보다는 중립적이고 사실적이다. 연어는 대륙으로서의 *Europe*과 EU로서의 *Europe*과 같은 다의어들의 중의성을 해소해줄 뿐만 아니라 이러한 단어를 전형적으로 사용함으로써 잠재의식적으로 전달되는 문화적 메시지의 일부 양상들을 보여준다. *The Guardian* 및 *The European*에서 번역된 기사에 의해 묘사된 *Europe*의 이미지는 정치적 현실의 이미지로, 그 활동, 생각, 프로젝트 및 이념은 표면상으로 독립된 객관적인 방식으로 보고된 균형 잡힌 논쟁과 논의의 대상이 된다. 이러한 초기의 결론들은 TEC가 나타내는 다른 텍스트 장르들을 연구함으로써 더 검증되고 다듬어질 수 있다. 유형들이 원전 언어들과 연관되는 정도를 검토하는 것이 가능하며, 사전표제어 *Europe*과 그리고 *Britain/British, France/French, Italy/Italian*과 같은 다른 빈번한 문화적 핵심어들 사이의 비교분석도 수행될 수 있다.

이 소규모의 예비적인 연구가 2개의 신문에 국한되어 있어서, 필자는 번역 영어 전체에서 사전표제어 *Europe*이 가지는 의미연상에 대해 일반화할 수는 없다. 그러나 필자는 번역된 텍스트의 이념적 영향이 진정으로 목표지향적인 환경에서 연구될 수 있는 그러한 코퍼스기반 방법론을 개발하는 것이 가능함을 보여주었다. 그 환경에서는 번역 언어는, 비교코퍼스이든 병렬코퍼스이든, 비교모형을 반드시 채택하지 않더라도 목표언어의 특정한 변이형으로 연구될 수 있다.

4.2.4.5 언어간 번역의 유형론을 향하여

Camargo(2001)는 법률, 기술 및 기업 텍스트들을 영어에서 포르투칼어로 번역하는데 사용되는 일반적인 전략들을 설정하기 위한 방법론을 개발했다. Camargo는 이 텍스트 장르들을 번역하는 과정을 특징짓는 구체적 절차들을 (또는 번역 양식들을) 먼저 확인하고 그 다음에 통계적 계산을 통해 분석하기 위해서 Vinay & Darbelnet([1958] 1995)의 기술적 모형에 의해 제안된 범주들을 조정한다. 3가지 텍스트 유형들 모두에서 가장 흔한 양식은 문자적 번역 (예: *powers of substitution at any time/poderes de substituição a qualquer tempo*), 의무적 치환 (예: *her return/ao retornar*), 그리고 변조(modulation) (예: *can react/tome providências*)이다. 법률 텍스트를 번역할 때 변조가 더 자주 나타난다. 대조적으로, 회사나 기업 번역들은 다른 두 텍스트 유형과 비교할 때 3가지 전략들 모두에서 더 높은 수준의 통일성을 보여준다. 문자적 번역은 기술 및 기업 텍스트와 상호 관련이 있으며, 변조(modulation) 및 전위+변조(transposition with modulation) (예: *an old fashioned kind of place/um local meio antiquado*)는 법률 텍스트와 상호 관련이 있음이 발견되었다.

이 연구는 언어쌍 특정적인 번역을 특징짓는 규범들을 평가하기 위한 첫 단계를 형성한다. 이 연구는 텍스트 유형, 번역 전략 그리고 주어진 사회문화적 환경에서 번역행위의 유형을 지배하는 규범들 사이에 존재하는 연결관계에 관한 가설을 발전시키는데 중요한 초기 자료를 제공해 준다.

4.2.5 기술번역학과의 접합점에서: 대조분석

코퍼스언어학이 크게 영향을 미친 모든 연구분야들 중에서, 대조분석과 외국어교육이 번역학과 아마도 가장 강한 관련성을 가질 것이다. 어휘, 문법, 담화, 문체 층위에서의 언어들의 유사점과 상이점에 대해 코퍼스에 기반을 둔 통찰력은 번역학과 이론적으로 관련이 있다. 동시에, 병렬 다중어 코퍼스를 통해서 외국어를 탐구하고 학습하는 혁신적인, 자료기반의, 학생중심의 기법들은 번역가 수련생들에게 제공되는 언어훈련에 점점 더 많이 통합되어지고 있다. 이 절에서는 언어 사용상의 대조적 현상들을 연구하는데 번역 코퍼스를 활용하는 최근의 연구들을 살펴보고자 한다. 언어교육 분야의 새로운 코퍼스기반 방법론에 관한 설명은 다음 장에서 다룰 것이다 (5.5절을 보라).

이중어 코퍼스에서 자연스럽게 나타나는 문어 및 구어 담화를 다량으로 이용할 수 있는 점과 그 자료들을 어휘, 연어, 문법, 담화 및 화용론의 층위에서 연구할 수 있는 코퍼스언어학의 기법들이 개발된 점은 80년대 말경 및 90년대 초에 대조분석(Conrastive Analysis: CA)이 부흥하는데 기여하였으며, 그 때에는 특히 북유럽에서 많은 대규모의 범언어적 프로젝트들이 시작되었다 (최근 연구 목록을 위해서는 Aijmer et al. 1996을 보라).

이러한 프로젝트들 중에서 가장 주목할 만한 것은 영어-노르웨이어 병렬코퍼스(English-Norwegian Parallel Corpus: ENPC) 프로젝트로, Norwegian Computing Centre for the Humanities와 공동으로 1993년에 오슬로대학에서 시작되었다 (Johansson & Hofland 1994; Johansson 1995; Johansson et al. 1996). ENPC는 10,000-15,000단어 길이의 소설 및 비소설 노르웨이어 원전텍스트 50개와 그것들의 영어 번역본, 그리고 영어 원전 텍스트들과 그들의 노르웨이어 번역본들로 구성된 핵심 코퍼스로 구성되어 있다. 또한 장르, 내용, 목적, 작가 유형 및 의도된 독자층에 의해 짝지어진 원전 영어 텍스트 및 원전 노르웨이어 텍스트들로 구성되는 보충 코퍼스를 추가할 계획도 있다.

핵심 코퍼스는 기계번역, 이중어 사전편찬, 언어학습 및 번역가 훈련과 같은 응용 목적을 위해서 뿐만 아니라 어휘 및 문법의 대조연구 및 번역어투[4](translationese)의 분석을 위해 이중어 어구탐색 결과들을 도출하

---

4) '번역어투(translationese)'라는 용어를 CA학자들은 다소 다른 의미로 사용한다. Johansson

기 위해서 자동적으로 정렬된다. 보충 코퍼스도 역시 두 언어에 걸친 텍스트 장르의 생성 및 동일 언어로 된 원전 및 번역된 텍스트들 간의 관계에 관한 연구를 허용한다. 유사한 프로젝트들이 스웨덴, 핀란드 및 벨기에에서 시작되었다 (Aijmer *et al.* 1996). 여전히 CA분야에서는 Gellerstam이 스웨덴어로 된 소설 75편으로 구성된 단일어 코퍼스를 설계하고 분석하였는데, 그 중의 반은 원전이며 나머지 반은 다른 언어들에서, 대부분 영어에서, 번역된 것들이다 (Gellerstam 1986; 1996). 이러한 유형의 코퍼스는 주로 스웨덴어 번역어투의 연구에 사용되었다.

특히 ENPC의 핵심 코퍼스는 기술적 연구에 주로 쓰이고 있다. 여기서는 a) 이런 종류의 코퍼스를 가지고 수행될 수 있는 비교 유형을 예시해주는 최근 연구들과, b) 코퍼스를 다중어 연구에 사용할 목적으로 다른 언어들에 확장시키는 것에 기초를 두고 있는 초기 연구를 살펴보고자 한다.

번역 등가성이 대조분석을 위한 최선의 비교점(*tertium comparationis*)이라는 James(1980)의 주장에 동조하여, Ebeling(1998a)은 대조분석용 방법론으로 번역 등가성의 개념을 채택했다. 그는 영어의 제시적 *there*-구문과 노르웨이어의 상당어구 *det*-구문이 각각 원전 및 번역된 영어와 원전 및 번역된 노르웨이어에서 보여주는 행위를 살펴보기 위해 ENPC를 사용한다. 원전 영어의 코퍼스는 *be*가 이 구조에서 가장 흔하게 나타나는 동사임을 보여주며, 반면에 노르웨이어는 훨씬 넓은 범위의 동사를, 일부는

& Hofland(1994: 26)에게는 그것은 "원전언어에 의해 유발된 번역된 텍스트에서의 편차(deviance)"를 의미한다. Gellerstan(1986: 88)에게는 그것은 "원전언어(SL)에서 목표언어(TL)에 미치는 체계적인 영향 내지는 최소한 그러한 영향력에 기반을 둔 일종의 일반화"이다. 반대로, Granger(1996: 49)는 더 넓은 의미로 "번역된 언어와 원전언어를 구분해주는, 전이와 관련이 있든 없든, 모든 특성들"을 포함하도록 이 용어를 사용한다.

수동태의 형태로, 허용한다.

영어 *there be*-구문의 노르웨이어 번역 등가구문 대한 Ebeling의 분석은 목표언어의 영향을 보여준다. 그는 번역가들이 (a) 존재동사 외의 다른 동사, (b) *have*-존재사, (c) 수동태를 가진 *det*-구문을 사용하여 *det*-구문의 동사의 범위를 넓힌다는 것을 발견한다. Ebeling의 견해로는, 이것은, 아래 3개의 예에서 보는 바와 같이, 번역에 표현된 의미를 원전과 비교하여 더 구체적으로, 즉 더 많은 정보를 주도록, 만든다.

    (1) **There were** two bar stools at the counter and...

    Det stod to krakker ved kjøkkendisken.

    *직역: There stood two stools at the kitchen counter.

    (2) **There's** a long trip ahead.

    Du har en lang tur foran deg.

    *직역: You have a long trip ahead of you.

    (3) **There was** a scuffling sound at the door behind her.

    Det hørtes en tassende lyd ved døren bak henne.

    *직역: There was heard a scuffling sound at the door behind her.

반면에 능동형 어휘동사를 가진 *det*-구문을 영어로 번역할 때는 아주 빈번하게 *be*동사를 가진 *there*-구문으로 번역되는데, 이로 인해, 아래 두 예에서 보는 바와 같이, 더 적은 명시화 또는 Ebeling의 용어로, "탈명시화 (despecification)"가 생긴다.

(1) — Nina sier **det sitter** en mann i treet.

"Nina says **there is** a man sitting in the tree."

*직역: **Nina says there sits a man in the tree.**

(2) "Så har da heller ingen visst at **det har hengt** et mesterverk av en altertavle i kirken i mange hundre år."

"So no one knew either that **there had been** a masterpiece hanging above the altar in the church for hundreds of years."

*직역: **... that there has hung a masterpiece of an altarpiece in the church for several hundred years.**

이 결과들은 원전 코퍼스로부터의 증거를 토대로 제시된 예측들을 부분적으로 확인시켜주며, 그리고 영어와 노르웨이어의 두 흔한 구조 사이의 등가성 관계를 새롭게 조명해준다. 추가 연구에서 Ebeling(1998b)은 등가적 표현인 *there-be*-절과 *være* 및 *finnes*를 (두 동사 모두 "존재한다"를 의미함) 가진 *det*-절을 검토한다. 두 구문은 모두 무엇인가가 존재하거나 생겨

날 것임을 진술하며 비인칭이다. 그 구문들의 담화기능은 문법적 주어와 동사 뒤에 신정보를 제시하는 것이다. 영어 및 노르웨이어 코퍼스 속의 번역 유형들을 분석해 보면 그 구문들이 등가성이 있음을 확인할 수 있다. 그러나 이 두 구문들이 서로에 의해 번역되지 않을 때는, 번역에서는 담화기능을 이들 구문의 가장 중요한 양상으로 간주하는 경향이 있다. Johansson(1997)의 연구는 많은 영어 텍스트들을 네델란드어, 핀란드어, 독일어, 포르투갈어, 스웨덴어로 옮긴 번역본들을 포함하도록 최근에 확대된 확장 ENPC에 기초를 두고 있다. Johansson은 영어 원전들과 그들의 독일어 및 노르웨이어 번역본들로 구성된 다중어 일방향 병렬코퍼스를 사용하여 총칭적 인칭의 주어 형태에 대해 (영어의 *one*, 독일어의 *Man*, 노르웨이어의 *man*) 3원적으로 정량적, 정성적 비교를 수행하였다. 이 연구는 영어의 *one*이 노르웨이어 *man*보다 사용 빈도가 더 낮으며, 그리고 노르웨이어 *man*은 독일어 *Man*보다 빈도가 더 낮다는 것을 보여준다. 노르웨이어 *man*의 가장 흔한 두 가지 출처는 번역에서 정형구문으로 되는 다양한 비정형구문들 뿐만 아니라, 영어 *one*과 *you*이다. 독일어 *Man*의 영어 출처는 더 다양한데, *one*, *you* 및 비정형구문에 추가하여, 명령문, 수동, 이중역할 또는 무생물 능동 주어 등이 있다. 이러한 형태들의 사용상의 차이점들과 관련하여, Johansson은 독일어 *Man*은 문체상으로 중립적이므로 영어의 격식적인 *one*과 비격식적인 *you* 모두에 해당한다고 말한다. 영어 *you*가 일반 사람들을 지칭하는 가장 흔한 방식인 반면에, 노르웨이어에서는 *man*과 *du*(2인칭 단수 대명사) 모두가 쓰인다. 그 세 언어들은 원전 및 번역된 텍스트 모두에서 나타나는 *that/this + be + what/when/where/why/how*같이 어순이 뒤바뀐 유사분열문에 관해서도 연구되었다 (Johansson & Hofland 2000).

ENPC의 핵심 구성요소의 검색에 기초한 더 많은 연구들이 Johansson 및 Hofland에 의해 예시되었다 (Johansson 1998; Johansson & Hofland 2000). 노르웨이어의 서법불변화사 *nok*를 영어 번역들과 원전텍스트들에서 발견되는 등가어와 비교하였다. *Nok*는 일반적으로 *probably*나 *undoubtedly*와 같은 부사, *must*나 *be bound*와 같은 동사, 그리고 *I suppose, I think* 유형의 절로써 번역되지만, 그러나 다른 서법 표현들을 포함하는 제로(∅)번역의 빈도수도 높다. 이와 같은 분석 유형이 역으로도 적용되어, *nok*을 번역하여 표현하는데 가장 빈번하게 사용되는 부사인 *probably*에 해당하는 노르웨이어 표현들이 번역된 코퍼스 및 원전 코퍼스 양쪽에서 검토되었다. *Probably*는 통사적으로나 의미론적으로 가장 가깝게 짝지어지는 *sannsynligvis*와 *antageligvis*로써 일반적으로 번역되며, 반면에 원전 노르웨이어에서는 *nok*와 다른 서법불변화사인 *vel*가 대부분 쓰인다 (Johansson & Hofland 2000).

영어 명사 *mind*의 번역도 노르웨이어에 등가어가 없기 때문에 대조분석가와 번역학자에게 흥밋거리이다. 양 언어로 된 원전과 번역물의 대조분석에서 도출된 결론은 정신적 과정들은 서로 다른 방식으로 지칭되는 경향이 있으며 맥락이 등가표현의 선택에 상당한 영향을 미친다는 것이다. 두 언어의 동사들 간에 바로 일대일 대응관계가 존재한다고 가정될 때일지라도, 코퍼스 분석을 해보면 복잡한 어휘통사적 관계가 드러난다. 등가어인 *happen*과 *hende*가 적절한 예이다. Johansson(1998)이 연구한 대응관계 유형들은 사전, 문법 및 코퍼스 증거에 의해 제공되는 정보를 종합적으로 통합해 보아야만 충분히 기술될 수 있다.

이러한 것들은 대규모 양방향 병렬코퍼스를 이용하여 쉽게 수행할 수 있는 검색 및 분석 유형의 소수의 예에 불과하다. 근래에 8명의 전문적인 번역가들이 A. S. Byatt의 단편 *A Lamia in the Cevennes*를 노르웨이어로 번역하도록 위임되었고, 또 다른 8명은 과학관련 논문을 ENPC용으로 번역했다 (Johansson 1998). 초안본과 편집본을 이용할 수 있으면 학자들은 번역에 있어 변이의 정도, 번역과 텍스트 유형 사이의 관계 및 번역의 결과물과 과정 사이의 관계를 연구할 수 있을 것이다. 그러한 복합적인 설계를 가진 코퍼스는, 효율적인 검색 프로그램과 함께, 이론적인 주장들을 검증하고 그리고 사전뿐만 아니라 기술문법 및 교육문법을 강화해주는 대조적 자료들을 추출하는데 틀림없이 소중하고 다양한 자료가 된다.

　　Thunes(1998)와 Dyvik(1998)는 이론에 입각한 ENPC기반 연구들의 주목할 만한 예들을 제공해준다. Thunes는 정형절을 일차적 선정기준으로 사용하여 4가지 유형의 번역상의 상응관계를 연구하였다. 유형1은 원전 및 목표 연속체 사이에 통사적 등가성이 있는 것이며, 유형2는 어순 및/또는 문법어 사용에 있어 상이점들이 있는 것이며, 유형3은 의미적 등가성이 있는 것이며, 유형4는 통사 및 의미 층위에서 불일치가 있는 것이다. 경험적 자료들은 검토된 서로 다른 텍스트 범주들에서 이 4가지 유형들의 출현에 있어 흥미로운 차이점들을 보여준다. 이러한 차이점들로 인해 제안된 범주들에 대한 처음의 정의를 좀 더 다듬고 그것들이 번역물에 미치는 영향을 평가하게 되었다. Dyvik은 번역 관계가 일종의 상위언어적, 철학적 또는 이론적 반영의 결과라기보다는 사용 중인 표현들 사이의 의미관계를 반영하기 때문에 번역 코퍼스는 어휘의미론의 발전에 중요한 역할을 할 수 있다고 주장하고 이를 증명해준다. 노르웨이어 단어 *tak, selskap, god*에 관한 3개의 사례연구를 기초로, Dyvik은 그 단어들의 번역 등가어의 분석을 통해서 의미상의 중의성을 해소하고 그들 각각의 의미장(semantic fields)을 기술할 수 있다.

다음 사례연구들은 모두 1996-97년에 Norwegian Academy of Science and Letters에서 수행된 "텍스트 코퍼스와 연계된 대조분석과 번역학 (Contrastive analysis and translation studies linked to text corpora)"이라는 연구 프로젝트와 관련된 것들인데 확장된 ENPC와 같이 잘 설계된 다중어 코퍼스가 뒷받침하고 생성하는 경험적 자료 및 분석의 유형에 대한 개요를 설명하기 위해서 여기에 간략하게 소개한다.

Altenberg(1998)의 연구는 그가 "문장머리(onset)"라 부르고 첫 절요소에서 정형동사까지 이르는 문장의 첫 부분이라고 정의하는 서술문의 시작부분에 관한 것이다. 그의 연구목적은 부사어, 주어, 등위어와 같은 여러 주제어 후보들이 문장머리 자리를 두고 경쟁할 때 어떠한 일이 발생하는지를 조사하는 것이다. 그는 스웨덴어 및 영어 번역 모두에서 부사어가 거의 항상 주어와 등위어보다 선호된다는 것을 발견한다. 더욱이, 영어는 여러 개의 주제어가 정형동사 앞에 제시되는 것을 허용하는 반면에 스웨덴어는 단지 하나의 주제어만을 허용한다. 이 때 다른 후보들은 더 뒷자리로 밀려야 하는데, 그 자리는 절 중간부분인 정형동사 바로 뒷자리가 되는 경향이 있다.

Hasselgård(1998)는 영어-노르웨이어 및 노르웨이어-영어 번역들에 나타나는 주제어의 변화를 연구하였다. 양 코퍼스에서 그녀는 거의 동일한 비율의(17-18%) 문장머리상의 전이를 발견한다. 발견된 변화들을 자세히 분석한 결과 구조상의 차이로 인한 변화들은 주제어 구조에 심각할 정도로 영향을 미칠 가능성은 없는 것으로 나타났다. 그러나 문장의 주어가 바뀌면, 문장의 초점 그리고 문장과 문맥의 연결방식에 관한 주목할 만한 결과가 발생하여 독자에게도 다른 영향을 미칠 가능성이 있다.

Fabricius-Hansen(1998)은 Konrad Lorenz 원작 독일어 텍스트 *Das sogenannte Böse*의 영어 번역본과 노르웨이어 번역본을 비교했는데, 이 연구는 정보밀도를 감소시키기 위해 원전텍스트의 계층적인 담화정보구조를 분할하는데 사용된 기법들에 초점을 맞추었다. 그녀는 점증적 담화정보구조의 결과를 초래하는 정보 분할은 영어보다는 노르웨이어 목표텍스트에 훨씬 더 빈번히 일어난다는 것을 발견하였다.

영어 및 독일어 간의 번역에 나타나는 *when*절은 Doherty(1998)의 연구대상이다. 이 분석은 문장의 중간과 마지막 자리에 나타나는 영어 부사절의 반 이상이 독일어에서는 구로 번역된다는 것을 보여준다. 영어와 독일어의 또 다른 차이점은 밀접한 동족어인 *with*와 *mit*에 관한 Schmied(1998)의 연구에서 조사되었다. 그의 연구결과는 원형적(prototypical) 등가 전치사 *mit*의 사용 빈도수는 *with*의 총 빈도수의 절반에도 미치지 못한다는 것을 보여준다. Schmied는 번역자들이 사용하는 서로 다른 선택들을 기술하고, 자기의 그러한 이외의 연구결과는 사전편찬, 언어교수 그리고 언어변화 연구에 대해 함축적 의미를 가진다고 결론을 내린다.

Aijmer(1998)의 "*I think*"에 관한 연구는 스웨덴어, 노르웨이어, 독일어, 네델란드어의 4개 언어를 포함한다. 스웨덴어 등가어 *jag tror* 및 *jog tycker*는 각각 영어 표현의 두 의미인 신념과 주관적 평가의 의미를 나타내어 중의성을 해소해준다. 노르웨이어에서는, *tycker*의 등가어로 *synes*이 쓰이고, *jag tror*의 등가어로는 *jeg tror*가 쓰인다. 독일어에서는 번역자들은 *glauben*과 *finden* 사이에서 선택하며, 반면에 네델란드어에서는 *denken*이 넓은 의미범위를 가진다. 후자의 연구결과는 Simon-Vandenbergen(1998)가 수행한 또 다른 심층 분석에 의해 확인된다. 이 연구는 *ik denk*가 *I think*에 의해 표현되는 3가지 주요 의미범주, 즉 순수한 의견, 주관적 평가, 확률기반 의견에 상응한다는 것을 보여준다. 다른 등가어는 의미상 *ik denk*에 아주 근접한 *ik geloof*와 순수한 의견과 주관적 평가를 표현하는 *ik vind*이다.

마지막으로, Viberg(1998)는 2개의 다의적인 동사 *running*과 *putting*에 관하여 영어 및 스웨덴어 간의 의미구분의 대조적 유형들을 보여준다. 그런데 이들 동사는 스웨덴어에서는 여러 개의 등가어가 있다.

여전히 대조언어학의 관점에서, Maia(1998)는 영어와 포르투갈어에서, 특히 주어가 각각 1인칭 대명사 *I*와 *eu*, 또는 이름으로 실현되는 사례들에서, SVO 문장 구조의 빈도와 본질을 분석하였다. 분석된 코퍼스는 포르투갈어 소설 (Sttau Monteiro 1961의 *Angústia para o Jantar*)과 그것의 영어 번역본 (*The Rules of the Game* 1964), 그리고 영어 소설 (F. Scott Fitzgerald 1925의 *The Great Gatsby*)과 그것의 포르투갈어 번역본 (*O Grande Gatsby* 1986)으로 구성된 양방향 병렬코퍼스이다. 그 텍스트에는 구어에 가까운 유형의 용법을 대표하는 소규모 표본을 구성하는 많은 독백과 대화가 포함되어 있다. 그 코퍼스의 병렬 구성요소는 동일한 상황이 두 언어에서 어떻게 나타나는지를 보여주며, 반면에 원전텍스트들은 한편으로는 원전언어들 사이의 비교와 다른 한편으로는 동일 언어의 번역 및 비번역 변이형 사이의 추가적인 비교를 허용한다. (이름이나 대명사로 실현되는) 사람 주어의 빈도에서 관찰되는 상이점들은, 영어에서 일어나는 것과는 반대로, 원전 포르투갈어에서는 외형적으로 주어가 없는 V+O 문장구조가 예외적이라기보다는 규범임을 암시해준다. 이름과 대명사가 번역된 텍스트에 포함되어 따라서 번역된 텍스트가 원전 소설보다는 더 명시적으로 된 사례들이 비교적 많이 기록되었기 때문에 번역 포르투갈어는 영어의 규범에 의해 영향을 받는 것으로 보인다.

더욱이, 포르투갈어에서 *eu*가 나타나는 모든 문장을 분석해 보면 1인칭 대명사에 의해 실현되는 다른 기능들이 드러나는데, 그것들은 다음과 같다.

a) 다음에서처럼, 동사 형태가 1인칭 단수 표시가 되어 있지 않을 때 화자를 명시해 준다.

A Teresa aceitou sem um queixume a notìcia de que **eu tinha** uma amante

*번역: **Teresa accepted the fact that I kept a mistress without a murmur.**

b) 다음에서처럼, 1인칭 단수 및 복수 표시가 되어 있는 동사에 대해서는 화자를 강조한다.

Uma vez dadas as cartas, o jogo seguirà até que um seja encido. **Ou eu ele.**

*번역: **Once the cards have been dealt, the game must go on till one of them is the loser. Either he or the other.**

c) 다음에서처럼, 메시지의 다른 요소가 생략되었을 때 그 위치를 표시해준다.

Gosto da sua casa. **Também eu** [gosto da sua casa]

*번역: I like his house. So do I [like his house].

저자는 그러한 주어 자리에 명시적으로 나타나는 항목들은 주제나 화제의 화용론적 기능을 갖는다고 결론을 내린다. 전형적으로 주어 자리에 대명사가 없는 것으로부터, 포르투갈어에서는 동사가 정상적으로 주제로서의 기능을 한다고 추론할 수 있다. 직관적으로 포르투갈어 화자들은 동사의 과정에 포함된 사람이나 다른 실체보다는 그 과정 자체에 더 많은 중요성을 부여한다고 Maia는 주장한다.

또 다른 양방향 병렬 영어-포르투갈어 문학 텍스트 코퍼스는 각 언어에서 일반적이고 복합적인 통사적 특성들을 지니는 지각동사들의 집합인 영어의 *see, hear, feel, smell, watch, listen*과 포르투갈어의 *ver, ouvir, sentir*의 행위에 관한 Santos(1996; 1998)의 두 연구에 자료를 제공한다. 두 언어 체계에서 이 동사 집단들 사이에는 사용빈도나 함께 나타나는 목적어의 종류, 함께 명시되는 정보의 종류와 관련하여 현저한 차이점들이 발견되었다.

직관과 제한된 양의 자료를 통해서 전치사들의 공간적, 은유적 의미를 전형적으로 연구하는 인지언어학의 틀 속에서, Paulussen(1999)는 영어, 네델란드어, 불어에서 ON 및 UP의 관계 즉 *on/up, op/sur*를 표현하는 전치사들에 대해 단일어적 및 대조적 의미분석을 수행했다. 그의 연구의 새로운 점은 3중언어 3방향 병렬코퍼스인 Namur와 3중언어 데이터베이스 TRIPTIC으로 구성된 방법론에 있다. 그 결과는 대부분 인지언어학적 주장들을 확인하고 공간 전치사들의 확장된 의미에 대한 새로운 사실들을 보여준다. 좀더 구체적으로 말하면, 가정된 바와 같이, 그 3언어들은 중심적 구체적 의미에 있어서는 일치하지만, 은유적 확장에 있어서는 서로 다르다. 그러므로 위치 의미들의 원형성이 확인된다. 그러나 (병렬관계는) 화제(TOPIC)와 같은 특정한 확장된 의미들에 대해서는 언어 쌍들에서 유사성이 발견된다. 더욱이, 비록 위치 전치사 ON의 중심적 의미들인 표면(SURFACE), 지지(SUPPORT), 접촉(CONTACT)의 의미들은 3언어들에 공통되지만, 그러나 그런 의미들은 그들의 확장된 의미들보다 나타나는 빈도가 훨씬 적다. 인지언어학, 대조분석 및 코퍼스언어학의 3개의 독립적 학문분야를 포괄하는 자신의 연구에서, Paulussen는 전통적인 인지언어학적 방법론들이 제공하는 지식을 보충하고 정교화하고, 확장할 수 있도록 다른 언어들 및 다른 전치사들에 이용되고 개작될 수 있는 정교한 연구 모형을 설계하고 검증하였다.

장래성이 있는 병렬 프로젝트는 영어 대조 텍스트 국제표본(International Sample of English Contrastive Texts: INTERSECT)으로 1994년에 Brighton University에서 시작되었다 (Salkie 1995, 1997, 2000). 이 프로젝트의 목표는 번역과정 동안 발생하는 변화들을 연구하고, 대조언어학에서 도출된 가설들을 검증하며, 번역과 외국어를 가르치기 위해서, 다양한 장르에서 선정된 주로 문어 텍스트들로 구성된 불어-영어 및 독일어-영어 코퍼스를 편찬하고, 정렬하고, 분석하는 것이다. 작성시점에서는 INTERSECT는 불어 및 영어로 된 약 150만 단어 분량의 텍스트와 독일어와 영어로 된 약 100만 단어 분량의 텍스트를 포함하고 있었다. 이 코퍼스에 기초한 연구들 중의 하나는 불어 dont의 — of which 또는 whose에 상응하는데 — 영어 등가어들은 이중언어 사전에 의해 주어진 정보와 그리고 번역전략들을 검토한 소규모 대조연구의 결과들과 비교해 보면 이외로 다양한 표현들로 구성되어 있음을 보여주었다. 이 연구결과들은 Disney 안내책자들로 된 양방향 불어-영어 병렬코퍼스 분석에 의해서 확인되는데 (Hunston 2000: 136-138), 그 분석은 명사구 앞의 *dont*는 *including*이나 *among them*으로 번역되며 *their heads nodding*을 번역할 때는 *dont*+절이 사용되었음을 보여준다. INTERSECT에 기반을 둔 또 다른 대조연구는 *but*과 *mais*의 사용에 초점을 두었다. 대부분의 경우에는 이 접속사들은 잘 확립된 등가어이지만, 그러나 영어-불어 번역의 28%에서 그리고 불어-영어 번역의 15%에서는 이 두 접속사가 서로 상응하지 않는다는 것을 이 연구가 보여준다. 그러한 경우에는 대안으로는 a) 또 다른 등위접속사 (*and/et*), b) 종속접속사 (*although, while/tout en, bien que*), c) 부사어 (*however, yet/cependant, toutefois*), d) 접속사의 완전한 생략, 그리고 e) 원전텍스트의 재구성 및 다른 구조의 사용 (Salkie 1997; 2000)이 있다. 더 최근의 연구는 전달동사 *allege*를 수동형으로 사용하는 것을 영어 및 독일어 연설에서 주어진 사실 또는 사건의 출처에 대한 언급을 피하기 위한 흔한 전략으로 간주한다. 영어에서 흔히 사용되는 3가지 구조 (즉 비인칭 *it*; 주어+ be alleged+*to have*+과거분사; 존재의 *there*) 중에서 독일어에서는 첫 번째 구조만이 가능하다 (Salkie 2000).

위의 연구들에 의해 제공되는 통찰과 적합하게 설계된 소/중/대 규모 코퍼스를 조사하기 위해 채택된 방법론은 대조분석가들 뿐만 아니라, 번역학자, 단일어 코퍼스 언어학자, 사전 편찬가 그리고 다음 장에서 소개되겠지만 번역 및 외국어 교육가들에게도 흥미로운 것이다.

5.

코퍼스기반 번역학: 응용

기술적 연구는 주로 병렬 단일어 비교코퍼스를 사용하고 최근에는 또한 단일 번역코퍼스도 사용한 반면에, 응용적 연구는 번역기술 및 목표언어 능력의 습득을 신장하기 위해서 실험적 또는 교실기반 환경에서는 자료 원천으로서 일차적으로 이중어 비교코퍼스 또는 단일어 목표언어 코퍼스에 의존하였다. 이 장에서는 흥미롭고 유망한 접근법들의 다양성 그리고 이론, 기술, 응용 사이의 상호관계를 강조하기 위하여 이 새로운 연구 분야에서 수행된 몇몇 주요 연구들을 간략히 살펴보고자 한다.

5.1 이중어 비교코퍼스를 이용한 번역가 훈련

올림픽 경기를 주제로 다룬 신문기사들로 구성된 이탈리아어-영어 비교 코퍼스는 Zanettin에 의해 만들어졌으며 (출판 중), Forli 소재 Scuola

Superiore di Lingue Moderne per Interpreti e Traduttori(SSLMIT)에서 이탈리아 원어민 학부 번역 훈련생들에 의해 신문기사를 영어로 번역하기 위한 이중어 자료 원천으로 사용되었다. 목표언어에서 동일한 의미를 전달하고 동일한 담화기능을 실현하는 가장 자연스럽게 들리는 표현들을 찾아낼 목적으로 고유명칭 (예: Matt Biondi; Kieren Perkins)과 이탈리어-영어 추정 등가어 (예: *oro/gold; podio/podium; consecutivo/consecutive*)들을 찾으려고 KWIC 어구검색 프로그램을 통해 이 코퍼스가 검색되고 분석되었다. 이 코퍼스의 도움 없이 2개의 추가 번역들이 산출되었는데, 그 하나는 전문번역가인 영어 원어민 화자에 의한 것이고, 다른 하나는 이탈리아 원어민 번역 훈련생에 의한 것이다. Zanettin가 그 3개의 번역들을 평가하지는 않았지만, 간단한 점검만으로도 어떻게 이중어 코퍼스 자료의 가용성이 외국어로 번역할 때 유창성과 정확성을 신장하고 모국어로 번역할 때 원어민 화자의 직관을 입증하는지를 알 수 있어 흥미롭다.

역시 교실의 맥락 속에서, Gavioli (1997 출판중; Gavioli & Zanettin 1997)는 번역 훈련생들이 a) 특정한 주제 분야 (즉 C형 간염)에 관한 내용지식, b) 의학연구 논문들의 전체적 구조에 관한 텍스트적 지식, c) 전문용어들 (예: 두문자어, 시험 또는 바이러스의 명칭) 및 전문화된 문맥에서의 일반용어들의 사용 (예: 대조표지, 서법조동사 및 임시적 동사)에 관한 언어학적 지식을 습득하기 위하여 의학연구 논문들로 구성된 이탈리아어-영어 비교코퍼스를 스스로 설계하고 만들고 사용한 연구를 수행하였다. 그 연구에 사용된 분석도구는 빈도수 목록 및 KWIC 어구검색 프로그램이었다. 특히, 두문자어 *RIBA*와 *NANB*, 임시적 동사 *suggerire/suggest*, 그리고 *biopsia epatica/hepatic biopsy*와 같은 명사군들을 의미, 통사구조, 연어관계 및 기능의 관점에서 연구하였다. 이 활동들은 비전문적인 독자들이 의미가 불분명한 의학 용어들을 이해하는 데, 그리고 어휘 및 담화 단위 층위에서 가장 정확하고 전형적인 등가어를 확인하는데, 아주 소중한 것으로 판명되었다.

이중어 비교코퍼스는 또한 번역가 훈련에서 고유명사나 동족어 (cognates)와 같이 형태상으로 강한 유사성을 가지거나 사전에 기록된 번역 등가어에 기초를 두는 단어나 구를 비교함으로써 특정한 텍스트 장르의 문체적 특성들을 연구하는 데 사용되었다. Zanettin(1998)은 주요 일간지들로 구성된 이탈리아어-영어 비교코퍼스를 사용하여 수행된 많은 연구사례들을 제시한다. 예를 들어, 두 언어에서 프랑수아 미테랑 대통령을 지칭하는 방식은 재미있는 차이점들을 보여준다. 이탈리아어에서는 일반적으로 *François Mitterand* 또는 간단히 *Mitterand*이 사용되는 반면에, 영어 텍스트들은 *President Mitterand* 또는 *President François Mitterand* 그리고 *Mr Mitterand*을 선호한다. 직접화법 (*dire/say; aggiungere/add*) 및 간접화법 (*dire, dichiarare, aggiungere, affermare, chiamare, concludere, insistere, ribadire/say, admit, announce, ask, insist, declare, complain*)을 도입하기 위해 전형적으로 사용된 등가적 동사들은 그 두 언어에서 통사 및 연어관계 구조뿐만 아니라 사용 빈도수에서도 서로 다르다. 같은 어원에서 나온 *prezzi/prices*와 같은 단어들조차도 연어관계 및 통사구조 상으로 서로 다른 사용 패턴을 보여준다.

이들 세 연구에서 간단히 설명된 일반 코퍼스 및 전문화된 코퍼스의 사용은 번역기술을 향상시키고 원전언어 및 목표언어의 대조적 지식을 정교하게 만드는데 똑같이 소중한 것으로 나타났다. 지금까지 얻어진 연구성과들 덕분에 미래의 번역교실에서는 워드프로세서, 다양한 이중어 코퍼스와 코퍼스 분석시설들로 구성된 번역 훈련생 작업장비를 갖추자는 흥미로운 생각이 생기게 되었다 (Zanettin 1998). 물론 이러한 생각의 실현은 적절하게 설계된 텍스트 분석 소프트웨어의 개발에 전적으로 달려있다. 현재에는 학자들과 학생들은 *WordSmith*와 같은 단일어 코퍼스 분석도구와 *MULTICONC, ParaConc*과 같은 이중어 병렬코퍼스 분석도구뿐만 아니라 최근의 Bilingual Corpus System (http://www.ilc.pi.cnr.it/dbt/pisystem.htm에서 시험용판을 이용할 수 있음)과 같은 신축성 있고 사용자 친화적인 장비들을 마음껏 사용할 수 있다. 그러나 이중어 비교코퍼스를 자동으로 검색할 수 있는 프로그램도 역시 필요하다. 이 분야의 연구는 아직도 진행 중이다 (예: Bowker 2000; Peters *et al.* 2000).

5.2 대조적 병렬기술

1993년에 The University of Nancy II의 Francine Roussel의 지휘 하에 시작되었던 European Union Lingua Project는 코퍼스기반 연구를 번역자 훈련에 응용한 최근의 사례이다 (King 1997; Ulrych 1997). 이 프로젝트의 목적은 다중어 병렬코퍼스를 제작하는 것만이 아니라. 윈도우에 기반을 둔 병렬 어구검색기 *MULTICONC*를 개발, 검증 및 평가하는 것이다. 이 어구검색기는 여러 기능들 중 와일드 카드를 이용한 다항목 검색, 인용문의 분류 및 편집, 그리고 사용자에 의한 텍스트 마크업 작업을 허용한다 (Woolls 1997; 2000). 코퍼스에 포함된 텍스트들은 원전텍스트들과 번역된 텍스트들이다. 사용된 언어는 덴마크어, 영어, 핀란드어, 불어, 독일어, 그리스어, 이탈리아어, 포르투칼어, 스페인어, 스웨덴어이다. 그 10개의 언어 각각으로 된 적어도 1개의 원전텍스트가 있어 어떤 언어도 번역본만으로 대표되지 않는다. 그 코퍼스는 어구검색, 단어 빈도수 목록, 핵심어와 연어관계 정보를 제공해 주는 *WordSmith* 도구와 같은 다른 종류의 소프트웨어에 의해서도 처리될 수 있다. 이 중요한 자료는 이미 다양한 방법으로 이용되어 왔다. 즉 번역자의 선택과 전략을 검토하고, 번역자의 행위를 이중어 사전에 포함된 정보와 비교하며, 번역이론에서 제시된 주장들의 타당성을 검증하고, 번역가 훈련 및 외국어 교육을 위한 교육용 자료를 고안하기 위해 사용되었다 (King 1997; Ulrych 1997). 예를 들면, Ulrych는 이탈리아어 접속사 *ossia*의 영어번역 등가어를 조사하기 위하여 European Union Lingua Project의 일부를 형성하는 이탈리아어-영어 병렬코퍼스의 하위부분을 활용한다. 그런데 접속사 *ossia*는 (a) 영어의 *or rather*로 번역될 수 있는 대조적 재표현, 또는 (b) 영어의 *that is*로 번역될 수 있는 설명적 기능 중의 하나를 가진다. 그녀는 Italo Calvino가 쓴 소설에 포함된 *ossia*의 모든 예들과 영어 번역본 *If on a Winter's Night a Traveller* 속의 그것들의 등가어들을 분석하였다. 분석결과 *ossia*의 대조적 용법은 일관되게 *or rather*로 번역되었으며, 이 접속사의 동격적 용법은 때로는 *that is*로, 때로는 *which is*와 같은 더 특정적인 표현으로 번역되었음을 보여준다. 이 소규모지만 흥미로운 연구는 병렬코퍼스의 한 가지 중요한 용도, 즉 번역과정에서 접촉하게 되는 두 언어의 대조적 지식의 정교화를 예시해준다. 번역가들은 목표언어의 원어민 화자로서 자신의 직관과 기술 및 교육 문법 또는 사전에 포함되어 있는 정보가 가장 적절한 등가어를 찾는데 항상 적합한 것은 아님을 종종 발견한다. 이것은 충분한 언어적 문맥이나 충분한 수의 진정한 예들을 주지 않고 단어의 의미가 일반적으로 제공되기 때문이다. 병렬코퍼스는 주어진 용어 및 표현에 대한 전형적이고 잘 확립된 번역 등가어를 찾는데 있어 아주 소중한 정보 원천이 되며, 반면에 비교코퍼스는 원전 및 목표 언어에서 가정된 등가적 용어 및 표현들의 전형적인 텍스트 맥락을 찾아내는데 특히 유용하다 (Tognini-Bonelli 2000; Gavioli & Zanettin 2000를 보라).

일반적으로 번역전략이나 번역전이에 관한 연구와 그리고 잘 확립된 원전언어 및 목표언어 등가어에 대한 탐색에 초점을 맞추는 병렬코퍼스를 기반으로 하는 다른 연구들과는 달리, Scarpa(1999)의 연구목적은 이탈리아어와 영어로 된 전문화된 장르인 Microsoft Office 97 소프트웨어 모음의 사용 설명서들에 나오는 대조적인 문체적 유형들을 발견하는 것이다. *you can+부정사* 검색어를 포함하는 병렬 어구검색 결과의 분석을 통해서, Scarpa는 미국 원전과는 달리 이탈리아어 번역은 비인칭 및 수동 구조, 명사화, 그리고 종속접속의 확산과 같은 격식적 문체의 특징을 가진다는 것을 발견하였다. 이러한 연구결과는 전문적 번역가들이 어떻게 컴퓨터 사용 설명서와 같은 특정한 장르가 제시하는 어려움들을 극복하는가를 알게 되고 그리고 미국영어식 및 이탈리아어식 문화적 맥락에 퍼져있는 서로 다른 문체적 관습들을 알게 되는 번역 훈련생에게는 매우 중요하다.

5.3 목표언어 단일어 코퍼스를 이용한 번역가 훈련

교육적 관점에서 Bowker(1998)는 전문화된 주제영역의 전문적 번역가가 될 수 있도록 훈련받는 학생들이 공통적으로 직면하는 2가지 주요 문제점을 언급하였다. 한 가지 어려움은 주제 분야에 대한 지식의 부족에서 오는 이해 오류의 발생이고, 다른 어려움은 전문화된 모국어 작문기술의 부족에서 오는 오류의 발생이다. Bowker의 시범연구는 Dublin City University 학부 4학년에 재학 중인 영어전공 학생 집단을 대상으로 수행된 번역 실험에 관한 것으로, 학생들은 광학 스캐너에 관한 2개의 반전문화된(semi-specialised) 단락을 불어에서 영어로 옮기는 2개의 번역을 수행하였다. 한 가지 번역은 이중어 사전과 관습적인 사전식 및 비사전식 참고자료 (예: 단일어 사전, 설명서, 안내책자)를 사용하여 완성되었고, 또 다른 번역은 이중어 사전과 광학스캐너에 관한 영어논문으로 된 140만 단어 규모의 전문화된 단일어 코퍼스를 사용하여 수행되었다. 이 코퍼스는 *Computer Select*에서 수집되어 CD-ROM에 수록되어 있다. 코퍼스를 분석하기 위해 사용된 소프트웨어는 *WordSmith* 도구이다. 연구결과에 따르면, 코퍼스를 활용한 번역은 주제 분야의 이해 (*sensibilité ayx nuances*는 *whatever their sensitivity to colour*로 적절히 번역됨), 올바른 용어 선택 (*vitre/glass paten* 또는 *scan bed*), 관용적 표현 (*photodiodes sensible à la lumière/light-sensitive photodiodes* 또는 *photosensitive diodes*)의 측면에서 질이 높았다. Bowker는 비록 문법이나 사용역(register)의 관점에서는 향상이 없었지만, 전문화된 단일어 코퍼스의 사용이 더 빈약한 수행과는 관련이 없었다고 말한다.

만약 전문화된 목표언어 코퍼스가 원어민의 모국어 기능들을 신장하는 언어적, 용어적, 내용상의 지식정보의 원천으로 활용될 수 있다면, 일반적 언어 사용을 나타내는 목표언어 단일어 코퍼스는 모국어로 작업하는 번역가들에게 언어학적, 문화적 지식의 원천이 될 수 있다고 예측하는 것은 타당하다. Bowker의 실험적 연구결과에 동의하여, Stewart(2000)는 학생들이 외국어로 번역할 때 British National Corpus(BNC)를 참고한다면 많은 도움이 된다는 것을 발견한다. 관광안내 책자를 이탈리아어에서 제2언어로서의 영어로 번역하기 위한 BNC의 활용에 관한 그의 교실 기반 연구는 어떻게 번역 훈련생들이 원전언어 명사군의 추정된 목표언어 등가어의 발생 빈도수와 어구검색 결과의 결합된 분석을 통해 자연스럽게 들리는 연어들을 생성할 수 있는지를 보여준다. 코퍼스를 조사한 후에 이루어지는 선택들의 예로는 *gran giro della città/grand tour of the city* 및 *strada panoramica/road with panoramic views*가 있다. 이 연구결과로 인해 Stewart는 번역된 텍스트 속의 창조성 대 관습성이라는 보다 폭넓은 문제에 대해 고심하게 되었고, 텍스트 생산에서 관습성에는 최소(창작 작품), 중간(L1으로의 번역), 최대(L2로의 번역)의 연속적 변이가 있다고 제안하게 되었다. 대규모 코퍼스가 목표언어의 관습적인 사용을 강조한다면, 그러한 코퍼스를 참조하는 것은 번역가가 전형적인 연어관계와 관용어구에 의해 제공되는 배경에 대비되어 눈에 띄는 창조적 표현들을 사용할 수 있도록 도와주기보다는, 코퍼스 자체에 의해 드러난 반복현상을 재생산하도록 유도한다고 주장될 수 있다. 이 문제들을 좀 더 깊이 연구하기 위해 Stewart는 L1 및 L2로의 번역들로 만들어진 2개의 하위코퍼스로 구성되는 학생 영어 번역물 비교코퍼스를 설계하도록 제안하였다. 이 프로젝트의 목적은 2가지인데, 한편으로는 가설로 설정된 관습성의 연속변이의 타당성을 검증하는 것이 가능할 것이며, 다른 한편으로는 번역가들이 모국어로부터 작업해 나올 때 직면하게 되는 제약들과 어려움들을 깊이 조사할 수 있다. L2로 된 원작 창작 글의 코퍼스는 추후에 좀 더 많은 비교를 위해 첨가될 수 있다. 마지막으로, 대규모 단일어 일반 언어 코퍼스를 사용하여 수행된 번역들은 전통적인 자료들을 사용해 수행된 것들보다는 더 관습적이라는 추가 가설을 검증할 수 있다. Bowker의 실험적인 기획은 기술적 연구와 응용적 연구의 경계선 상에 놓여있는 이 새로운 연구 프로젝트에 적절한 모형을 제공해준다. 그것은 Malmkjær(1993)와 Whetherby(1998)과 같은 몇몇 고립된 목소리들을 제외하고는 번역학계에서 최선으로는 대조문법의 연습으로, 최악으로는 "언제나 바나나 껍질에서 한 발작 떨어져서, 욕과 괴성이나 질러대는 원숭이들의 번식지"로 일반적으로 간주되는 대량의 L2번역들을 번역의 산물과 과정에 대한 일반적인 논의 속으로 끌어들이는 것을 목표로 삼고 있다.

5.4 전문 번역가를 위한 자료로서의 코퍼스

지금까지 개괄적으로 살펴본 코퍼스기반 연구의 새로운 발전으로부터 현직 번역가가 이득을 볼 수 있는 방법은 최소한 2가지가 있다고 생각된다. 그(녀)는 가장 흔한 번역 등가어뿐만 아니라 언어 간의 유사점과 상이점, 번역가들의 서로 다른 문체, 번역과정을 특징짓는 선택적 또는 필수적인 전이, 원전언어의 영향과는 독립적으로 번역 언어의 유형화, 서로 다른 텍스트 범주들의 유형화에 관한 기술적 연구들이 제공하는 통찰들을 활용할 수 있다. 이러한 통찰들은 유창성 및 정확성 면에서 번역 성과를 높일 수 있을 뿐 아니라, 번역가들이 언어중재의 특정한 형태로서의 번역의 본질에 대한 자기들의 인식을 다듬을 수 있게 해줄 것이다. 동시에 단일어 및 이중어 텍스트들의 자동 처리를 위해 사용자 친화적이고 가격이 비교적 저렴한 소프트웨어를 사용할 수 있어 번역가들은 자신의 임시 코퍼스를 만들어 자기들의 개인적 필요를 위해 단일 입력 텍스트나 코퍼스에 대해 언어적, 문체적, 텍스트적 분석을 수행할 수 있다.

문학번역가들의 보조도구로서 병렬코퍼스의 활용에 관한 주목할 만한 예는 Zanettin(1999)이 제시한다. 그는 Salman Rushdied의 소설 6편과 그들의 이탈리아어 번역본들로 구성된 Corpus Parallelo Rushdie(CPR)를 설계하고 만들었다. 이 코퍼스는 Salman Rushdie(1975)의 작품 *Grimus*를 이탈리아어로 옮기는 번역작업을 수행할 때 참고 자료로 사용되었는데,

이 번역본은 책으로 그리고 *IperGrims*라는 제목의 번역 하이퍼텍스트로 출판하기 위한 것이었다. 그 코퍼스를 통해 번역자는 동일한 작가에 의한 다른 작품들 속에 나타나는 주어진 단어들과 담화단위들이 이탈리아어로 어떻게 번역되었는지를 살펴볼 수 있었다. 특히 이중어 및 단일어 사전에 담긴 정보가 불충분하고, 모순되거나, 언어적 맥락의 양이 제한될 때마다 병렬 어구검색 결과를 상기하거나 참조하였다. 예를 들면, 번역가가 직면하는 문제들 중에서 이전 해결책들의 분석으로 해결되었던 하나는 부사의 수식을 받는 *speak, tell, say*과 같은 동사들, 또는 직접화법을 인도하는 동사들과 *shrug* 또는 *pout*와 같은 신체의 움직임을 가리키는 동사들의 번역이었다.

이 코퍼스를 사용할 때의 흥미로운 점은 기술적 분석과 번역적 해결책의 모색 사이의 경계가 모호하다는 것이다. Zanettin이 말하듯이, 코퍼스의 영어 및 이탈리아어 구성요소들을 정렬하는 과정뿐만 아니라 원전 작품이 번역자에게 제시한 어려움들은 기술적, 이론적 관점에서 볼 때 아주 흥미로운 분야들을 강조하였으며, 통계적 어휘분석, 빈도수 어휘목록, 어구검색 및 핵심어를 통해 더 깊이 연구되었다. 원전 영어 및 이탈리아어 문학 텍스트들로 된 2개의 참조 코퍼스와 비교하며 이 코퍼스를 정량적, 정성적으로 분석한 것에 기초를 두고 있는 이 연구결과들은 영어의 번역된 소설에 나타나는 어휘적 단순화에 관한 필자의 연구결과들(Laviosa, 1998b)과 부합되며, 번역된 소설들은 목표언어로 된 비교 가능한 비번역 소설이 보여주는 규범과 비교해 볼 때 유표적인 언어적 특성들에 의해 특징지어진다는 것을 암시한다. 더욱이 Salmon Rushdie의 번역가들이 사용하는 서로 다른 문체들과 전략들이 이 코퍼스의 연구에서 분명하게 드러났다.

5.5 응용번역학과의 접합점에서: 외국어 교육

The University of Birmingham의 Centre for English Language Studies에서 Lingua 프로젝트에 의해 설계되어 만들어진 다중어 병렬코퍼스는 (5.2절을 보라) 번역 등가어의 검색을 위해서뿐만 아니라, 새로운 언어 학습 자료 및 활동의 개발을 위해서도 사용되었다. 그런데 그러한 자료 및 활동은 인터넷상의 교육기관의 연결 및/또는 실제적 대면활동을 통해서 A언어의 모국어 화자로서 B언어를 배우려는 사람들과 B언어의 모국어 화자로서 A언어를 배우려는 사람들이 서로 도움을 주고받을 수 있는 협동적인 언어학습의 시행에서 나온다. 새로운 접근법은 "상호적" 또는 "양방향"(Johns, 1997b)이라는 명칭이 붙여졌으며 (Johns 1997b), 영어와 불어, 그리고 영어와 독일어로 실험이 진행 중이다. *MULTICONC*로써 정렬되는 병렬코퍼스들은 처음에는 영어의 구동사 또는 불어에서 가정법을 요구하는 영어의 접속사와 같은 어휘 및 통사구조에 관한 두 언어의 대조적 측면들을 찾기 위해 검색된다. 두 언어에서 추출된 자료들은 추후에 학생들이 이해 및 생산 연습과제를 만드는데 사용되며 학생들은 그 연습과제로부터 각 언어의 사용규칙을 추론해 내어 그룹토의를 통해 적절한 번역 등가어를 제안한다. 관심을 자극하고 이 새로운 시도에 대한 피드백을 이끌어 내기 위해 교수 단원들의 예가 Tim John의 웹사이트 (http://web.bham.ac.uk/johnstf/)에 올려져 있다. 필자는 결과적으로 어떻게 이 방법론이 이탈리아어와 영어에서 악명이 높을 정도로 어려운 시제들의 정확한 사용에 관한 지식을 다듬기 위해 사용될 수 있는지를 예시하고자 한다. 아래에 간략하게 설명된 두 세션은 따로따로 완성되거나 아니면 단일 워크샵에서 합쳐질 수 있다.

첫 세션의 목적은 코퍼스기반 원전 예들과 그들의 영어 번역들의 분석을 통해 이탈리아어의 미완성상(imperfect), 단순과거, 현재완료 사이의 차이점들을 연구하는 것이다. 자료는 a) 선정된 1인칭 단수 시제들의 예들을 포함하는 이탈리아어로 된 문장 길이의 어구검색 결과의 3개 집합 및 b) 상응하는 영어 번역들로 구성된다. 두 가지 활동이 제안된다. 첫 번째는 선정된 시제의 사용을 지배하는 규칙에 대하여 합의된 정의에 도달하기 위해 이탈리아어-영어 병렬 어구검색들을 소규모 그룹으로 나누어 분석하는 것이다. 그리고 두 번째 활동은 개별적으로 완성하는 빈칸 메우기 연습이다. 즉 영어 및 이탈리아어 학습자들은 새로운 혼합된 집합의 어구검색 결과 속에 적절한 시제를 각각 이탈리아어 및 영어로 삽입한다.

두 번째 세션에서는 목적이 원전코퍼스기반 예들과 그것들의 이탈리아어 번역들에 대한 분석을 통해 영어의 현재완료 및 단순과거의 용법상의 차이점을 연구하는 것이다. 이 활동들은 첫 세션과 같은 규칙에 따라 준비되고 설계되었으나, 이번에는 자료는 영어로 된 원전 작품들과 그것들의 이탈리아어 번역들로 구성된다.

Barlow(2000)는 외국어 교실에서 교육과 연구 모두를 위해 체계적으로 병렬텍스트들을 사용하였다. L1습득과 L2학습에 적용된 그가 제안한 문법적 기술에 대한 스키마기반(schema-based) 접근법은 언어교육을 목적으로 한 병렬코퍼스의 개발에 이론적 배경을 제공한다. 기능적-인지적 전통에 속하는 그의 접근법은 형태소로부터 담화에 이르기까지의 모든 문법적 단위들을 머릿속에서 스키마로 표시되는 형태-의미의 쌍으로 간주한다. Barlow에 의하면, 어휘적 유형화와 문법적 유형화 사이의 복잡한 상호관계는 자연언어 사용의 수많은 예로의 노출을 통해 귀납적인 학습에 의해 습득된다. 외국어 학습은 L1스키마를 상응하는 L2스키마의 생성을 위한 틀로 사용하는 것과 또한 외국어에만 국한되는 새로운 스키마를 생성하는 것 모두를 포함한다. 병렬코퍼스들은 동일한 내용을 두 언어로 나타내므로, 그것들은 각각의 언어가 등가적 의미들을 어떻게 부호화하는지를 발견할 목적으로 문맥이 주어진 온라인 이중어 사전으로 사용될 수 있는 소중한 자료 원천이다. 그 코퍼스들의 검색은 두 언어 사이에 상호관련성이 없을 때 학습자가 L1과 L2 스키마들 사이의 머릿속 연결을 설정하고 새로운 L2 스키마를 생성하기 위해서 습득해야 할 필요가 있는 바로 그러한 정보를 밝혀준다. 윈도우기반 텍스트 분석 프로그램인 *ParaConc*은 병렬 KWIC 어구검색 결과를 검색하기 위해 Barlow에 의해 고안되었다. 이 프로그램의 새로운 특성은 단어나 구의 검색결과가 한 개가 아닌 두 개의 별개의 창에 나타난다는 점이다. 윗 창은 원전텍스트의 어구검색 결과를 보여주고, 아래 창은 번역된 등가어 행을 보여준다. 어구검색 결과 행들은 문장으로 보여질 수 있고, 다른 종류의 순서로 분류될 수 있다. Barlow가 사용한 영어-불어 병렬코퍼스는 각각 http://www.ruf.rice.edu/~barlow/para.html과 http://www.ruf.rice.edu/~barlow/parac.html에서 접근할 수 있다.

코퍼스기반 응용번역학과 외국어 학습은 모두 전망이 밝고 급속히 팽창하는 연구분야이다. 연구결과들은 매우 고무적이고 일관성이 있다. Aston(1999)은 번역 및 언어학습의 보조도구로서 코퍼스의 유용성을 보여주는 경험적 증거가 기술적 연구에서 수집된 엄청난 경험적 자료에 비해서 다소 제한적이라고 주장하고 있지만, 여기서 살펴본 연구는 코퍼스가 새로운 언어교수 기법들을 개발하고 일반, 문학 및 전문화된 번역가들의 작업을 좀 더 효율적이고 정확하게 만드는 잠재력을 가지고 있음을 강력히 암시한다고 필자는 생각한다. 쉽게 접근할 수 있는 코퍼스들의 개발은, 그것들을 검색하고 분석하기 위한 사용자 친화적인 도구 프로그램들을 만드는 것과 함께, 언어 및 문화 능력을 향상하기 위해서 뿐만 아니라 전문화된 언어 내용을 더 잘 이해하기 위해서, 그리고 번역기술을 좀더 신장하기 위해서 널리 장려될 필요가 있다.

6.

진행 중인 연구의 개관

기술적, 목표 지향적, 언어학적 접근법 내부에서 시작된 코퍼스기반 연구가 번역과정이 무엇을 함의하는지, 번역어가 무엇인지, 그것이 원전언어와 어떻게 또 왜 다른지에 관한 현재의 지식을 풍부하게 만든 일관성 있고 다양한 자료를 제공해 왔다는 사실은 의심할 여지가 없다. 코퍼스기반 응용연구는 효과적인 훈련기법들을 개발하는데 코퍼스의 잠재성을 이용하고, 대조분석 및 외국어학습과 같은 인접분야들도 언어쌍 특정적인 차이점과 등가어에 관한 새로운 자료를 얻기 위해 번역 코퍼스를 이용하였다.

새로운 유형의 코퍼스들이 지속적으로 만들어지고 있다. 그들 중 일부는 특정한 연구문제에 대해 응답하고, 되풀이하여 발생하는 번역상의 문제점들을 해결하기 위해 임시로 설계되었으며, 또 다른 것들은 소설, 기내잡지, 전기 및 신문기사들을 대표하는 번역영어코퍼스(TEC)와 핀란드 The University of Joensuu의 Savonlinna School of Translation Studies
에서 편찬 중이며 학술논문, 소설 및 아동문학을 대표하는 핀란드어 비
교코퍼스(Finnish Comparable Corpus: FCC)와 같은 체계적이고 대규모의
연구 프로그램을 위한 자료가 되도록 의도되었다.

이 장에서 필자는 코퍼스기반 번역학을 특징짓는 동향들을 확인할
목적으로 코퍼스를 기반으로 하는 기술 및 응용 번역학 분야에서 진행
중인 몇몇 주요 연구들을 개관하고자 한다. 마지막으로 필자는 역동적이
고 급성장하는 이 연구분야가 번역학의 일반적 경험적 패러다임 속에서
차지하는 위치에 대해 몇 가지 결론을 내리고자 한다

6.1 코퍼스기반 기술번역학

Puuritnen(1998)이 제안한 연구는 아동문학의 복합적 코퍼스에 기초를 두
고 있으며, 그 코퍼스는 핀란드어로 번역된 작품들, 그것들의 영어 원전
텍스트, 그리고 비교 가능한 핀란드어 원전들로 구성되어 있다. 그 연구
가 추구하는 초기 목적은 2가지이다. 첫째는 번역 및 원전 핀란드어 아동
문학에서 비정형 통사구문들이 나타나는 빈도수를 비교하는 것인데, 그
빈도수는 가독성과 역비례 관계에 있다고 가정된다. 둘째는 예상되는 불
일치점들에 대한 언어학적 원인을 이끌어내고, 두 문학적 하위체제에 산
재해 있는 통사적 규범들에 대해 예비적인 일반적 정의에 도달할 수 있도
록 영어 원전텍스트들을 검토하는 것이다. 두 번째의 연구노선은 언어에
서 이념의 한 가지 운용 양식인 구상화(reification)를 실현하는 미시언어학
적 거시언어학적 번역전략들을 연구하는 것이다. 이 운용 양식과 관련된
표면구조들은 수동화, 명사화 (Knowles & Malmkjær 1996: 41-80), 그리고

전치수식된 분사형 속성 구문들 (Puurtinen 1998: 529)이다. Fair-clough ([1989] 1990), Trew(1979) 및 Knowles & Malmkjær(1996)의 주장에 동의하여, Puurtinen은 과정의 목적어를 주제화하거나 아니면 주어진 행위나 과정의 행위자가 수행하는 역할을 모호하게 함으로써 이 구문들은 일시적이고 문화적으로 결속된 지배관계를 절대적이고 영구적인 것으로 만든다고 주장한다.

번역 및 비번역 아동문학의 가독성을 이 두 문학적 하위체계들의 언어에 표시된 이념적 내용과에 연결함으로써, Puurtinen은 주류의 학술연구에서 주변적이라 일반적으로 간주되었던 새로운 문학연구 영역에서 원전 및 번역본 산출의 기저에 깔린 규범들에 대한 다채로운 그림을 우리에게 제공해주는 지위에 있게 될 것이다. 더욱이, 그녀는 2개의 독립적인 연구 영역인 비평언어학과 다체계이론과 관련된 문제들을 연구하는 새로운 방법론을 개발하고 검증할 수 있을 것이며, 번역에 대한 언어학적 접근과 문화학적 접근 사이의 간격을 때에 알맞게 좁히는데 소중한 기여를 할 것이다.

번역 대 비번역 언어에서의 이념은 핀란드어 원전 학술 역사서 및 러시아에서 번역된 학술 역사서로 구성된 Finnish Comparable Corpus의 하위코퍼스에 기초를 두고 있는 한 프로젝트의 연구대상이기도 하다. 코퍼스 전체적으로 나타난 시간대는 1970년에서 1999년까지이지만, 하위코퍼스에 포함된 대부분의 텍스트들은 1970년대에 출판된 것들이다. 그때는 상당수의 학술서들이 러시아어로부터 번역되었으며, 핀란드 역사의 학문적 연구에 대한 마르크스주의 지향적인 접근법이 핀란드-소비에트 외교관계의 재평가를 선호하고 권장했던 정치적 분위기에서 아주 높이 평가되었다 (Kemppanen 2000). 사용된 분석방법들은 코퍼스기반 비평언어학에서 가져왔다. 일반적으로 사용된 핵심어는 (초점어 또는 중심어라 부르기도 함) 번역 및 원전 비교 구성요소들의 빈도수 목록에서 검색되었으며, KWIC 어구검색 프로그램을 통해 분석될 것이다. 예비적 조사결과는 총 50개의 핵심어들을 찾아내어 그것들은 어휘적 및 문법적 단어로 분류되었다. 어휘항목들은 2개의 의미장을 형성하는데, 그것은 우의 및 협력의 담화와 그리고 계층의식의 담화이다.

번역 영어 속의 *Europe*에 관한 필자의 연구 (4.2.4.4절을 보라)와 핀란드어로 된 번역 및 원전 아동문학 속의 이념에 관한 Puurtinen의 연구와 더불어, Kemppanen의 프로젝트는 코퍼스기반 기술번역학과 코퍼스기반 비평언어학의 두 분야에 걸쳐 있는 새로운 연구분야에 속한다.

6.2 더 많은 코퍼스와 더 발전된 검색도구

번역가 훈련용 목표언어 단일어 코퍼스의 유용성에 대한 연구결과에 의지하고 (5장을 보라) 중소기업의 추정 번역수요에 근거하여 (Chiaro & Nocella 1999) 새로운 단일어 코퍼스가 현재 설계되고 있다. 그것은 CIC 프로젝트(Commercial Italian Corpus/ Corpus dell'Italiano Commerciale)로서 The University of Salford의 School of Language에서 필자가 지휘하고, British Academy에서 기금을 일부 지원 받고 있다. 이 사업의 목적은 언어 및 번역 훈련용 및 기술적 및 응용적 연구용으로 현대 비즈니스 이탈리아어를 대표하는 코퍼스를 설계하여 만드는 것이다. 기획 시점에서는 CIC는 2개 영역으로 구성되었다. 즉 하나는 주된 기능이 이탈리아 경영학 (대학생들을 위한 교재)을 가르치는 것이 주된 기능인 교육용 텍스트이며, 다른 하나는 이탈리아 비즈니스에 관한 뉴스와 사실을 보도하는 것이 주된 기능인 정보적 텍스트 (이탈리아의 유력 신문과 전문잡지 및 서적들에서 추출한 기사들)이다. 기금지원이 추가로 확보된다면, 코퍼스를 확장하여 a) 설득적 텍스트(홍보자료나 광고), b) 실제 문서(서신, 팩스, 이메일), c) 구어 담화의 표본(회사에 대한 경영진 인터뷰 및 제품 및 서비스의 설명자료)를 포함시키려고 한다. 이 코퍼스는 옥스포드 텍스트 저장소(Oxford Text Archive)의 인문예술자료 서비스(Arts & Humanities Data Service)인 http://ota.ahds.ac.uk를 통해 이용할 수 있다.

더 크고 더 복잡한 프로젝트가 Forli 소재 The University of Bologna의 SSLMIT에서 실현되고 있다. 그것은 현대 소설 및 비소설을 대표하는 4백만 단어 분량의 양방향 영어-이탈리아어 병렬코퍼스인 CEXI이다 (4장을 보라). 이 코퍼스의 목적은 언어, 문화, 번역에 관한 학습자료를 만들고, 외국어 텍스트를 이해하고, 쓰고, 번역하는 것이다. 이 프로젝트는 아직 진행 중이지만 (Zanettin 2000), 설계팀은 그 코퍼스를 목표 규모 이상으로 확장하도록 이미 계획하고 있다. 확장되면 그 코퍼스는 a) 현재의 텍스트가 추출되고 있는 원전텍스트 전문, b) 원전 구성요소가 이탈리아 설화작품을 더 잘 대표할 수 있도록 만들기 위해 아직 영어로 번역되지 않은 이탈리아어 인기소설과 베스트셀러, c) 시와 같은 다른 장르 및 (제3장에서 설명한 Malmkjær의 제안에 따라) 동일한 텍스트의 서로 다른 번역본들로 구성된 위성코퍼스를 포함하게 될 것이다. SSLMIT 영어과의 Guy Aston이 이끄는 연구팀은 CEXI를 웹상에서 연구목적용으로 이용할 수 있게 만들려고 계획하고 있다. 최신 정보는 Federico Zanettin의 웹사이트인 http://www.sslmit.unibo.it/zanettin/cl.htm에 나와 있다.

The University of Bologna와 The University of Salford의 코퍼스 연구자들은 기술적 및 응용적 연구를 위한 자료의 생성에 관여하고 있지만,

반면에 The University of Ottawa의 Bowker(2000)는 번역가들이 자기네의 특정한 필요를 충족시켜줄 자료들을 목표언어 단일어 코퍼스에서 검색해 낼 수 있게 하는 전용 도구를 개발하는 데에 초점을 맞추고 있다. 단일어 코퍼스의 탐색을 위해 현재 이용할 수 있는 소프트웨어는 언어교사, 언어학자 및 사전편찬가들을 염두에 두고 설계되었으며, 번역가들이 전문가, 교육자, 피교육자로서의 일상적인 일에 필요한 검색을 수행할 수 있도록 개작되었다. Bowker는 번역가들이 현재 시장에 나와 있는 것의 장단점을 스스로 판단하여, 가장 적절하고 효율적인 방법으로 번역을 하는데 필요한 가장 적절한 기능과 장치에 대해 소프트웨어 개발업자들에게 조언해 줄 수 있도록 하기 위해서 기존의 비맞춤식 코퍼스분석 도구를 사용하도록 촉구한다. 코퍼스가 정렬될 때, 번역 등가어와 연어관계를 검색해 주는 병렬코퍼스와는 달리, 목표언어 단일어 코퍼스를 검색하는 작업은 독특한 어려움들을 제시한다. 우선, 번역가는 자기들이 알지 못하는 단어 및/또는 단어연속체를 접근해야 한다. 코퍼스를 탐색하는 잘 검증된 방법론을 개발하는 초기단계로서, Bowker는 *WordSmith* 도구와 함께 사용될 수 있는 일련의 명령체계를 제안한다. 어간+와일드카드 (예: *encrypt**) 검색은 *encryption, encryptage*과 같은 동족어(cognates)에 유용할 것이다. *système d'exploitation*와 같이 잘 알려진 용어와 잘 알려지지 않은 용어로 구성된 단어연속체를 직면하면, *system*처럼 잘 알려진 번역 등가어를 검색하여 등가적 연어관계를 찾아낼 수 있다. 구조+와일드카드 (예:+*to*+) 검색도 역시 효과적이다. 마지막으로, 두문자어, 고유명사 및 숫자들은 번역되지 않으며, 목표언어에서 바로 검색될 수 있으며, 그들의 텍스트 맥락은 번역 등가어의 풍부한 원천으로 판명될 수 있다.

6.3 코퍼스 연구: 패러다임 속의 패러다임

코퍼스 연구는 일반적, 경험적 또는 본질주의적 연구 패러다임을 전적으로 수용하는데, 이 연구 패러다임의 발전은 90년대 초부터, Chesterman (1998)에 주장에 동의하여, 번역학을 특징짓는 가장 중요한 동향으로 간주될 수 있다. 경험적 패러다임의 주요한 특성은 검증할 수 있는 가설들을 가지고 번역의 실제(번역의 제품 및 과정)와 번역의 현상(번역자 및 그들의 선택)을 연구하는 일의 중요성에 그것이 부여하는 중심성이다. 번역, 번역과정 및 번역가에 관한 실제는 전형적으로 3단계 순환을 통해 연구된다. 운용 가능하고 반증 가능한 가설들이 먼저 제시되고, 그 다음에는 그 가설들은 다양한 방법들, 예를 들면, 코퍼스기반, 민족지학적, 경험적 방법들을 사용하여 검증되며, 끝으로는 그 가설들은 연구결과들을 기초로 최종적으로 다듬어진다. 이러한 일반적 패러다임 속에서는, 코퍼스 연구는 다음과 같은 수많은 변별적 특성들로 특징지어지는 분명하게 식별될 수 있는 연구영역을 형성한다.

이론, 기술, 방법론 및 응용은 동등한 입장에서 상호작용한다. 기술적 연구는 번역학의 다양한 영역들, 예를 들어, 기술언어학 및 인지언어학, 다체계이론, 문학연구, 사회언어학 및 수용이론에서 정교하게 다듬어진 이론들을 이용한다. 기술적 연구는 또한 탐구적이고 광범위한 코퍼스 검색에 의해서 또는 그들의 연구에 의해 얻어진 초기 결과에서 촉진되는 연구과제들을 만들며, 일종의 뜻밖의 발견과정을 유발하고, 이 발견과정은 지속적으로 새로운 자료들을 쏟아내고, 이 자료들이 다시 새로운 가설들로 유도된다. 동일한 연구과제 속에서, 코퍼스기반 증거가 때로는 민족지학적 및/또는 실험적 절차들과 같은 다른 적절한 연구방법론들을 사용하여 수집된 증거와 결합되기도 한다. 코퍼스 연구에 의해 채택된 복합적 연구 모형은 가설들의 다양한 원천들과 더불어 단순한 기술에서부터 설명으로 그리고 언어학 지향 연구에서 사회문화적 조사로의 진전을 허용한다. Tymoczko(2001 출판 예정)의 통찰력 있는 은유를 빌리면, 코퍼스 연구가 번역 및 번역가의 현상들에 현미경과 망원경을 모두 가져다 댈 수 있는 잠재력을 가지고 있다고 확언해도 과장은 아니다. 응용연구는 훈련환경 내에서 바로 평가되어 충족되는 학생들의 교육적 필요에 의해 양육된다. 가설들은 일반적으로 교실에서 검증되지만, 응용연구 학자들은 이론적 및 기술적 작업에서 무엇이 얻어지고 있는가를 충분히 알고 있다. 따라서 응용연구에서 얻어진 결과들은 이론적으로도 설명되며 교수방법론 뿐만 아니라 기술과 이론 속으로 입력된다.

코퍼스 연구에서 방법론의 역할은 중요하다. 코퍼스 설계는 모든 연구 프로그램의 아주 중요하고 결정적인 단계이다. 열정적으로 용감하게 이 새로운 연구영역에 과감히 뛰어든 연구자들은 적절한 수준의 신뢰성과 타당성을 달성할 수 있게 하는 귀중한, 대표성 있는, 잘 균형 잡힌 자료원천들을 얻을 수 있기 전에 자기들이 극복해야할 장애물들을 너무나 잘 알고 있다. 채택된 분석도구들도 역시 중요하며, 그것들은 아주 세련된 검색을 허용하며, 그리고 연구자의 직관과 해석을 통해 번역의 새롭고 의미심장한 양상들을 발견할 수 있다. 분석방법은 순수한 행복감을 느끼게 해줄 수도 있지만, 반면에 자료수집은 깊은 절망을 느끼게 할 정도로 어려울 수 있다. "번역모형은 연구모형을 제약하고, 따라서 번역이론의 구성을 제약한다"는 Chesterman(2000)의 주장에 필자는 전반적으로는 동의하지만, 반면에 코퍼스 연구에서는 연구모형이 번역모형을 제약하고, 그 결과로 이론의 정교화에도 영향을 미친다고 필자가 주장하는 것은 바로 이러한 이유들 때문이다. 현 상황에서는 코퍼스 연구는 비교 모형을 채택하고, 제안된 가설들은 기술적인 경향이 있다는 것도 사실이다. 또한 코퍼스 연구가 코퍼스언어학적 분석방법들과 그리고 다양한 적절한 접근들에서 선택된 다른 방법론들의 통합을 통해서 과정을 그리고 궁극적으로는 인과관계 모형을 개발할 잠재력을 가지고 있다는 것도 또한 사실이다.

코퍼스기반 번역학은 독립된 작은 패러다임의 양상들이라고 간주되기에 충분할 정도로 특정적이고 중요한, 일관성 있고 응집성 있는 특성들을 보여준다. 그 특성들은 앞으로 많은 혁신적이고 첨예한 실험적 연구 이면의 강력한 동인력이 될 것이라 믿는다.

■ 참고문헌

Aarts, J. and Meijs, W. 1984. (eds.) *Corpus Linguistics: Recent Developments in the Use of Computer in English Language Research*. Amsterdam: Rodopi.

Aijmer, K. 1998. "Epistemic predicates in contrast" in S. Johansson and S. Oksefjell (eds.) 277-296.

Aijmer, K., Altenberg, B. and Johansson, M. 1996. (eds.) *Languages in Contrast*. Papers from the Lund Symposium on Text-based Cross-linguistic studies 4-5 March 1994. Lund: Lund University Press.

Aitchison, J. 1996. *The Language Web*. Series of four lectures broadcast on Radio 4 VHF. January 1996.

Al-Shabab, O. S. 1996. *Interpretation and the Language of Translation, Creativity and Convention in Translation*. Edinburgh: Janus.

Altenberg, B. 1998. "Connectors and sentence openings in English and Swedish" in S. Johansson and S. Oksefjell (eds.) 115-144.

Arrojo, R. 2000. "Shard grounds in Translation Studies: Coda by RA" in Target 12(1): 158-160.

Aston, G. 1999. "Corpus use and learning to translate" in *Textus* XII(2): 289-314.

Atkins, S., Clear, J. and Olster, N. 1992. "Corpus design criteria" in *Literary and Linguistic Computing* 7(1): 1-16.

Baker, M. 1992. *In Other Words: A Coursebook on Translation.* London and New York: Routledge.

_____ 1993. "Courpus lintuistics and Translation Studies: Implications and applications" in M. Baker, G. Francis and E. Tognini-Bonelli (eds.) 233-250.

_____ 1995. "Corpora in Translation Studies: An overview and some suggestions for future research" in *Target* 7(2): 223-243.

_____ 1996. "Corpus-based Translation Studies: The challenges that lie ahead" in H. Somers (ed.) *Terminology, LSP and Translation Studies in Languages Engineering: in Honour of Juan C. Sager.* Amsterdam and Philadelphia: John Benjamins. 175-186.

_____ 1998. "Réexplorer la langue de la traduction: Une approche par corpus" [To explore the language of translation: A corpus-based approach] in S. Laviosa (ed.) 480-485.

_____ 1999. "The role of corpora in investigating the linguistic behaviour of professional translators" in *International Journal of Corpus Linguistics* 4(2): 1-18.

_____ 2000. "Towards a methodology for investigating the style of a literary translator" in *Target* 12(2): 241-266.

Baker, M., Francis, G. and Tognini-Bonelli, E. 1993. (eds.) *Text and Technology: in Honour of John Sinclari.* Amsterdam and Philadelphia: John Benjamins.

Barlow, M. 2000. "Parallel texts in languages teaching" in S. P. Botley, A.M. McEnery and A. Wilson (eds.) 106-115.

barnbook, G. 1996. *Language and Computers.* Edinburgh: Edinburgh University Press.

Ben-Ari, N. 1988. *Norms Underlying Translation of German Literature into English, French and Italian.* MA Thesis. Tel Aviv: Tel Aviv University.

Berman, R. 1978. "Postponing lexical repetition and the like - A study in contrastive stylistics" in *Balshanut Shimushie* 1(2)

Blake, W. 1902. *Songs of Experience: The Songs of Experience with Designs by C. Levetus.* London: Nutt.

Blum-Kulka, S. 1986. "Shifts of cohesion and coherence in translation" in J. House and S. Blum-Kulka (eds.) *Interlingual and Intercultural Communication: Discourse and Cognition in Translation and Second Language Acquisition Studies.* Tübingen: Gunter

Narr. 17-35.

Blum-Kulka, S. and Levenston, E.A. 1983. "Universals of lexical simplification" in C. Faerch and G. Kasper (eds.) *Strategies in Interlanguage Communication*. London: Longman. 119-139.

Botley, S.P., McEnery, A. M. and Wilson, A. 2000. (eds.) *Multilingual Corpora in Teaching and Research*. Amsterdam and Atlanta: Rodopi.

Bowker, L. 1998. "Using specialized monolingual native-language corpora as a translation resource: A pilot study" in S. Laviosa (ed.) 631-651.

_____ 2000. "From 'bag of tricks' to metholodology: Investigation the potential of corpora as a translation resource". Paper presented at Research Models in Translation Studies. UMIST and UCL Manchester 28-30 April.

Burnard, L. 1995. *British National Corpus: Users' Reference Guide for the British National Corpus*. Oxford: Oxford University Computing Services.

Burnett, S. 1999. *A Corpus-based Study of Translational English*. MSc. Dissertaion. Manchester: Center for Translation and Intercultural Studies UMIST.

Camargo, D.C. de. 2001. "Corpus-based translation research on legal, technical and corporate texts" in *Across Languages and Cultures* 2(1): 113-125.

Campos, A.de. 1978. *Verso Reverso Controverso*. São paulo: E. Perspectiva.

Catford, J.C. 1965. *A Linguistic Theory of Translation*. Oxford: Oxford University Press.

Chafe, W.L., DuBois, J.W. and Thompson, S. A. 1991. "Towards a new corpus of spoken American English" in K. Aijmer and B. Altenberg (eds.) *English Corpus Lingusitcs Studies in Honor of Jan Svartvuk*. London and New York: Longman. 64-82.

Chesterman, A. 1998. "Causes, translation, effects" in *Target* 10(2): 202-230.

_____ 2000. "A causal model for Translation Studies" in M. Olohan (ed.) 15-27.

Chesterman, A. and Arrojo, R. 2000. "Shared grounds in Translation Studies" in *Target* 12(1): 151-160.

Chiaro, D. and Nocella, G. 1999. "Language management in Italy: A survey of the translation market in Emilia-Romagna" in *Textus* XII(2): 351-368.

Dagut, M.B. 1971. "A linguistic analysis of some semantic problems of

Hebrew-English translation". Dotoral Thesis. Jerusalem: Hebrew University.

Davies, A. and Widdowson, H. G. 1974. "Simplified readers" in J.P.B. Allen and S.P. Corder (eds.) *Techniques in Applied Linguistics: The Edinburgh Course in Applied Linguistics* 3: 176-177.

Devlin, S. and Tait, J. 1998. "The use of a psycholinguistic database in the simplification of text for aphasic readers" in J. Nerbonne (ed.) *Linguistic Databases*. Stanford California: CSLI Publications. 161-173.

Doherty, M. 1998. "Clauses or phrases - a principled account of *when*-clauses in translations between English and German" in S. Johansson and S. Oksefjell (eds.) 235-254.

Dyvik, H. 1998. "A translationsal basis for semantics" in S. Johansson and S. Oksefjell(eds.) 51-86.

Ebeling, J. 1998a. "Contrastive linguistics, translations, and parallel corpora" in S. Laviosa (ed.) 602-615.

_____ 1998b. "Using translations to explore construction meaning in English and Norwegian" in S. Johansson and S. Oksefjell (eds.) 169-198.

EAGLES 1996. *Recommendations on Corpus Typology*. Pisa: ILC-CNR.

Even-Zohar, I. 1987. "The position of translated literature within the literary polysystem" in G. Toury (ed.) *Translation Across Cultures*. New Delhi: Bahri Publications. 107-115

_____ 1990. *Polysystem Studies*. Tel Aviv: The Porter Institute for Poetics and Semiotics Tel Aviv University.

Fabricius-Hansen, C. 1998. "Informational density and translation, with special reference to German-Norwegian-English" in S. Johansson and S. Oksefjell (eds.) 197-234.

Fairclough, N. [1989] 1990. *Language and Power*. London and New York: Routledge.

_____ 1990. "What might we mean by 'enterprise discourse'?" in R. Keat and N. Abercrombie (eds.) *Enterprise Culture*. London: Routledge. 38-57.

Firth, J. R. 1935. "The technique of semantics" in *Transactions of the Philological Society*. 36-72

_____ 1968. "Linguistics and translation" in R. R. Palmer (ed.) *Selected Papers of J. R. Firth 1952-59*. London: Longman. 84-95.

Francis, W.N. 1992. "Language vorpora B.C." in J. Svartvik (ed.) *Directions in Corpus Lingustics*. Proceedings of the Nobel Symposium 82, Stockholm, 4-8 August 1991. Trends in linguistics: Studies and monographs 65. Berlin and New York: Mouton de Gruyter. 17-32

Frawley, W. 1984. "Prolegomenon to a theory of translation" in W. Frawley (ed.) *Translation: Literary, Linguistic and Philosophical Perspectives*. London and Toronto: Associated University Presses. 159-175.

Gavioli, L. 1997. "Corpora di testi elettronici e concordanze: un'esperienza in un corso universitario per traduttori" [Corpora of electronic texts and concordances: An experience in an undergraduate course for translators] in *Atti del Simposio su Didattica e Informatica. Livorno 9-11 Ottobre 1997*. Livorno: Accademia Navale. 131-134.

_____in press. "Corpora and the concordancer in learning ESP. an experiment in a course for interpreters and translators" in G. Azzaro and M. Ulrych (eds.) *Lingue a Confronto. Atti del XVIII Convegno AIA, Genova, 30 Settembre-2 Ottobre 1996, vol; II*. Trieste: EUT.

Gavioli, L. and Zanettin, F. 1997. "Comparable corpora and translation: A pedagogic perspective" in G. Aston, L. Gavioli and F. Zanettin (eds.) *Corpus Use and Leaning to Translate*. On line at http://www.sslmit.unibo.it/cultpaps/.

_____ 2000. "I corpora bilingui nell'apprendimento della traduzione. Riflessioni su un'esperienza pedagogica" [Bilingual corpora in translation learning. Reflections on a pedagogic experience] in S. Bernardini and F. Zanettin(eds.) *I corpora nella didattica della traduzione*. [Corpora in translation teaching] Blologna: CLUEB. 61-80.

Gellerstam, M. 1986. "Translationese in Swedish novels translated from English" in L. Wollin and H. Linquist (eds.) *Translation Studies in Scandinavia*. Proceedings from the Scandinavian Symposium on Translation Theory (SSOTT) II Lund 14-15 June 1985. Lund Studies in English 75. Lund: CWK Gleerup. 88-95.

_____ 1996. "Translations as a source for cross-linguistic studies" in K. Aijmer, B. Altenberg and M. Johansson (eds.) 53-63.

Geoffroy-Skuce, A. 1997. "Polysemous adjectives in legal translation" in K. Simms (ed.) *Translating Sensitive Texts: Linguistic Aspects*. Amsterdam and Atlanta: Rodopi. 155-68.

Granger, S. 1993. "The international corpus of leaner English" in J. Aarts, P. de Haan and N. Oostdijk (eds.) *English Language Corpora: Design, Analysis and Exploitation*. Amsterdam and Atlanta: Rodopi. 57-71.

_____ 1996. "From CA to CIA and back: An integrated approach to computerized bilingual and learner corpora" in K. Aijmer, B. Altenberg and M. Johasson (eds.) 37-52.

_____ 1998. "The computer learner corpus: A testbed for elecronic EFL tools" in J. Nerbonne (ed.) *Linguistic Databases*. Stanford California: CSLI Publications. 175-188.

Haas, W. 1968. "The theory of translation" in G. H. R. Parkinson (ed.) *The Theory of Meaning*. Oxford: Oxford University Press. 86-108.

Halliday, M.A.K. 1985. *An Introduction to Functional Grammar*. London: Edward Arnold.

_____ 1991. *Corpus Studies and Probabilistic Grammar* in K. Aijmer and B. Altenberg (eds.) *English Corpus Linguistics Studies in Honor of Jan Svartvik*. London and New York: Longman. 30-43.

Halliday, M.A.K. and Hasan, R. 1976. *Cohesion in English*. London and New York: Longman.

Halverson, S. 1996. "Norwegian-English translations and the role of certain connectors" in M. Thelen and B. Lewandowska Tomaszczyk (eds.) *Translation and Meaning Part 3*. Proceedings of the Maastricht Session of the 2nd International Maastricht-LØdz Duo Colloquium on "Translation and Meaning" Held in Maastricht The Netherlands 19-22 April 1995. Maastricht The Netherlands: Hogeschool Maastricht. 129-139.

_____ 1998. "Translation Studies and representative corpora: Establishing links between translation corpora, theoretical/descriptive categories and a conception of the object of study" in S. Laviosa (eds.) 494-514.

Hartmann, R. R. K. 1994. "The use of parallel text corpora in the generation of translation equivalents for bilingual lexicography". Paper Presented at the EURALEX Congress. Amsterdam 1994.

Hasselgård, H. 1998. "Thematic structure in translation between English and Norwegian" in S. Johansson and S. Oksefjell (eds.) 145-168.

Hatim, B. 1999. "The cultural and the textual in the way Translation Studies has evolved". Paper presented at The University of Salford UK ESRI Research Seminars 24 March.

Henzl, V. M. 1973. "Linguistic register of foreign language instruction" in *Language Leaning* 23: 106-223.

Holmes, D. I. 1994. "Authorship attribution" in *Computers and the Humanities* 28: 88-106.

Holmes, J. S. 1972. *The name and nature of Translation Studies*. Unpublished manuscript. Amsterdam: Translation Studies Section, Department of General Studies. Reprinted in G. Toury (ed.) *Translation Across Cultures*. 1987. New Delhi: Bahri Publications and in J.S. Holmes. 1988. 66-80.

_____ 1988. *Translated! Papers on Literary Translation and Translation Studies*. Amsterdam: Rodopi.

Hunston, S. 2000. "Corpora and lanuage teaching" in S. Hunston with S. Laviosa *Corpus Linguistics*. Birmingham: The Centre for English Language Studies. 121-147.

Irizarry, E. 1990. "Stylistic analysis of a corpus of Twentieth-Century Spanish narrative" in *Computers and the Humanities* 24: 265-274.

James, C. 1980. *Contrastive Analysis*. London: Longman.

Johansson, S. 1995. "Mens sana in corpore sano: On the Role of corpora in linguistic research" in *the European English Messenger* IV(2): 19-25.

_____ 1997. "Using the English-Norwegian Parallel Corpus - a corpus for contrastive analysis and translation studies" in B. Lewandowska-Tomaszczyk and P. J. Melia (eds.) *PALC '97. Prctical Applications in Language Corpora*. LØdz: LØdz University Press. 282-296.

_____ 1998. "On the role of corpora in cross-linguistic research" in S. Johansson and S. Oksefjell (eds.) 3-24.

Johansson, S. and Ebeling, J. 1994. "The English-Norwegian Parallel Corpus: Introduction and applications". Paper presented at The XXVIII International Conference on Cross-language Studies and Contrastive Linguistics. Rydzyna Poland 15-17 December 1994.

_____ 1995. "Exploring the English-Norwegian Parallel Corpus". Paper presented at the Sixteenth ICAME Conference. Toronto May 1995.

Johansson, S., Ebeling, J. and Hofland, K. 1996. "Coding and Aligning the English-Norwegian Parallel Corpus" in K. Aijmer, B. Altenberg and M. Johansson (eds.) 87-113.

Johansson, S. and Hofland, K. 1994. "Towards an English-Norwegian parallel corpus" in U. Fries, G. Tottie and P. Schneider (eds.) *Creating and using English language corpora*. Papers from the Fourteenth International Conference on English Language Research on Computerized Corpora. Zurich, May 19-23 1993. Amsterdam and Atlanta: Rodopi. 25-37.

_____ 2000. "The English-Norwegian parallel corpus: current work and new directions" in S. P. Botley, A. M. McEnery and A. Wilson (eds.) 134-147.

Johansson, S. and Oksefjell, S. (eds.) 1998. *Corpora and Cross-linguistic Research: Theory, Method, and Case Studies*. Amsterdam and Atlanta: Rodopi.

Johns, T.F. 1997a. "Multiconcord: the Lingua multilingual parallel concordancer for Windows". On line at http://web.bham.ac.uk/johnsf/.

_____ 1997b. "Reciprocal learning: An application of parallel concordancing": Paper presented at Corpus Use and Learning to Translate. Bertinoto Italy 14-15 November.

Kemppanen, H. 2000. "Looking for evaluative keywords in authentic and translated Finnish: Corpus research on Finnish history texts". Pater presented at Research Models in Translation Studies. UMIST and UCL Manchester 28-30 April.

Kenny, D. 1998. "Corpora in Translation Studies" in M. Baker (ed.) *Routledge Encyclopedia of Translation Studies*. London and New York: Routledge. 50-53.

_____ 1999. *Norms and Creativity: Lexis in Translated Text*. PhD Thesis. Manchester: Centre for Translation and Intercultural Studies UMIST.

King, P. 1997. "Parallel corpora for translator training" in B. Lewandowska-Tomaszczyk and P. J. Melia (eds.) *PALC '97. Practical Applications in Language Corpora*. LØdz: LØdz University Press. 393-402.

Klaudy, K. 1996. "Concretization and generalization of meaning in translation" in M. Thelen, B. Lewandoska-Tomaszczyk (eds.) *Translation and Meaning Part 3*. Proceedings of the Maastricht Session of the 2nd International Maastricht-Lodz Duo Colloquium on "Translation and Meaning", Held in Maastricht, The Netherlands, 19-22 April 1995. Maastricht The Netherlands: Hogeschool Maastricht. 141-163.

_____ 1998. "Explicitation" in M. Baker (ed.) *Routledge Encyclopedia of Translation Studies*. London and New York: Routledge. 80-84.

Knowles, M and Malmkjær, M. 1996. *Language and Control in Children's Literature*. London and New York: Routledge.

Kucera, H. and Francis, W. N. 1967. *Computational Analysis of Present-day American English*. Providence Rhode Island: Brown University Press.

Laviosa, S. 1997. "How comparable can 'comparable corpora' be?" in *Target 9*(2): 289-319.

_____ 1998a. "The corpus-based approach: A new paradigm in Translation Studies" in S. Laviosa (ed.) 474-479.

_____ 1998b. "Core patterns of lexical use in a comparable corpus of English narrative prose" in S. Laviosa (ed.) 557-570.

_____ (ed.) 1998c. *L'Approche Basée sur le corpus/ The Corpus-Based Approach*. Special Issue of *Meta* 43(4). Montréal: Les Presses de L'Université de Montréal.

_____ 1998d. "The English Comparable Corpus: A resource and a methodology" in L. Bowker, M. Cronin, D. Kenny and J. Pearson (eds.), *Unity in Diversity? Current Trends in Translation Studies*. Manchester: St. Jerome. 101-112.

_____ 2000. "*TEC*: A resource for studying what is "in" and "of" translational English" in *Across Languages and Cultures* 1(2): 159-177.

Laviosa-Braithwaite, S. 1996a. *The English Comparable Corpus (ECC): A Resource and a Methodology for the Empirical Study of Translation.* PhD Thesis. Manchester: Centre for Translation and Intercultural Studies UMIST.

_____ 1996b. "Translation in the Italian classroom: An exercise in contrastive grammar or an act of language mediation?" in *IL Veltro* XL(3-4): 413-417.

_____ 1997. "Investigating simplification in an English comparable corpus of newspaper articles" in K. Klaudy and J. Kohn (eds.) *Transferre Necesse Est.* Proceedings of the 2nd International Conference on Current Trends in Studies of Translation and Interpreting, 5-7 September, 1996, Budapest, Hungary. Budapest: Scholastica. 531-540.

Leech, G. 1987. "General introduction" in R. Garside, G. Leech and G. Sampson (eds.) *The Computational Analysis of English: a Corpus-based Approach.* London and New York: Longman. 1-15.

_____ 1991a. "Corpora" in K. Malmkjær (ed.) *The Linguistics Encyclopedia.* London and New York: Routledge. 73-80.

_____ 1991 b. "The state of the art in corpus linguistics" in K. Aijmer and B. Altenberg (eds.) *English Corpus Linguistics. Studies in Honor of Jan Svartvik.* London and New York: Longman. 8-29.

_____ 1992. "Corpora and theories of linguistic performance" in J. Svartvik (ed.) *Directions in Corpus Linguistics.* Proceedings of Nobel Symposium 82, Stockholm, 4-8 August 1991. Trends in Linguistics Studies and Monographs, 65. Berlin and New York: Mouton de Gruyter. 105-122.

Levenston, E. and Blum, S. 1977. "Aspects of lexical simplification in the speech and writing of advanced adult learners" in S. P. Corder and E. Roulet (eds.) *The Notions of Simplification, Interlanguages and Pidgins and their Relation to Second Language Pedagogy.* Droz and Neuchâtel: Facultè des Lettres Genève. 51-71.

Lindquist, H. 1989. *English Adverbials in Translation; A Corpus Study of Swedish Renderings.* Lund Studies in English 80. Lund: Lund University Press.

Lo Coco, V. G. M. 1975. "An analysis of Spanish and German learners' errors" in *Working Papers on Bilingualism* 7: 29-37.

Magalhães, C. M. 2001. "Corpora-based Translation Studies in Brasil: towards universals of translation?". Paper presented at Claims, Changes and Challenges in Translation Studies. Third International Congress of the European Society for Translation Studies. Copenhagen Business School 30 August - 1 September.

Maia, B. 1998. "Word order and the first person singular in portuguese and English" in S. Laviosa (ed.) 589-601.

Malmkjær, K. 1991a. "Functionalist linguistics" in K. Malmkjær (ed.) *The Linguistics Encyclopedia*. London and New York: Routledge. 158-161.

_____ 1991b. "Stylistics" in K. Malamkjær (ed.) *The Linguistics Encyclopedia*. London and New York: Routledge. 438-447.

_____ 1993. "Who can make *nice* a better word than *pretty?*" in M. Baker *et al.* (eds.) 213-232.

_____ 1994. "Literary translation as a research source for linguistics". Paper presented at Literary Translation in Higher Education: an International Colloquium. University of Warwick 16-18 December 1994.

_____ 1997. "Punctuation in Hans Christian Andersen's stories and in their translations into English" in F. Payotas (ed.) *Nonverbal Commniand Translation. New Perspectives and Challenges in Literature, Interpretation and the Media*. Amsterdam: John Benjamins.

_____ 1998. "Love thy neighbour: Will parallel corpora endear Iinguists to translators?" in S. Laviosa (ed.) 534-541.

Mauranen, A. 2000. "Strange strings in translated language. A study on corpora" in M. Olohan (ed.) 119-141.

May, R. 1997. "Sensible elocution: How translation works in and upon punctuation" in *The Translator* 3(1): 1-20.

McEnery, A. and Wilson, A. 1996. *Corpus Linguistics*. Edinburgh: Edinburgh University Press.

_____ 1997. "Multimedia corpora" in B. Lewandowska-Tomaszczyk and P. J. Melia (eds.) *PALC* '97. *Practical Applications in Language Corpora*. Lødz: Lødz University Press. 24-33.

Munday, 1. 1997. *Systems in Translation: A computer-assisted systemic approach to the analysis of the translation of García Márquez.* PhD Thesis. Bradford: Department of Modem Languages. University of Bradford.

_____ 1998. "A computer-assisted approach to the analysis of translation shifts" in S. Laviosa (ed.) 542-556.

Nida, E. 1964. *Toward a Science of Translating: With Special Reference fo Principles and Procedures Involved in Bible Translating.* Leiden: E.J. Brill. .

Nord, C. 1991. *Text Analysis in Translation. Theory, Methodology and Didactic Application of a Model for Translation-oriented Text Analysis.* Amsterdam and Atlanta: Rodopi.

_____ 1997. *Translating as a Purposeful Activity: Functional Approaches Explained.* Manchester: St. Jerome.

Olohan, M. (ed.) 2000. *Intercultural Faultlines. Research Models in Translation Studies 1: Textual and Cognitive Aspects.* Manchester: St. Jerome.

Olohan, M. and Baker, M. 2000. "Reporting 'that' in translated English: evidence of or subliminal processes of explicitation?" in *Across Languages and Cultures* 1(2): 141-158.

Øverås, L. 1998. "In search of the third code: An investigation of norms in literary translation" in S. Laviosa (ed.) 571-588.

Paulussen, H. 1999. *A Corpus-based Contrastive Analysis of English on / up, Dutch op and French sur within a Cognitive Framework.* PhD Thesis. Gent: Faculteit Letteren en Wijsbegeerte Vakgroep Engels Universiteit Gent.

Peters, C. and Picchi, E. 1995. "Capturing the comparable: A system for querying comparable text corpora" in S. Bolasco, L. Lebart and A. Salem (eds.) *JADT '95 - 3rd International Conference on Statistical Analysis of Textual Data.* Rome: CISU. 255-262.

_____ 1998. "Bilingual reference corpora for translators and Translation Studies" in L. Bowker, M. Cronin, D. Kenny and J. Pearson (eds.) *Unity in Diversity? Current Trends in Translation Studies.* Manchester: St. Jerome. 91-100.

Peters, C., Picchi, E. and Biagini, L. 2000. "Parallel and comparable bilingual corpora in language teaching and learning" in S. P. Botley, A. M. McEnery and A.

Wilson (eds.) 73-85.

Puurtinen, T. 1989a. "Two translations in comparison: A study on readability" in S. Condit and S. Tirkkonen-Condit (eds.) *Empirical Studies in Translation and Linguistics.* Joensuu: University of Joensuu. 87-111.

_____ 1989b. "Assessing acceptability in translated children's books" in *Target* 1(2): 201-213.

_____ 1995. *Linguistic Acceptability in Translated Children's Literature.* University of Joensuu Publications in the Humanities No. 15. Joensuu: University of Joensuu.

_____ 1997. "Syntactic norms in Finnish children's literature" in *Target* 9(2): 321-334.

_____ 1998. "Syntax, readability and ideology in children's literature" in S. Laviosa (ed.) 524-533.

Reiss, K. and H.J. Vermeer. 1984. *Grundlegung einer allgemeinen Translationtheorie.* Tübingen: Niemeyer.

Renouf, A. J. 1984. "Corpus development at Birmingham University" in J. Aarts and W. Meijs (eds.) *Corpus Linguistics: Recent Developments in the Use of Computer Corpora in English Language Research.* Amsterdam: Rodopi. 3-39.

Roach, P. and Arnfield, S. 1995. "Linking prosodic transcriptions to the time dimension" in G. N. Leech, J. A. Thomas and G. Myers (eds.) *Spoken English on Computer.* London: Longman

Robinson, D. 1997. *Translation and Empire. Postcolonial Approaches Explained.* Manchester: St. Jerome.

Rushdie, S. 1975. *Grimus.* London: Vintage.

Salkie, R. 1995. "Intersect: a parallel corpus project at Brighton University" in *Computers & Texts* 9: 4-5.

_____ 1997. "Naturalness and contrastive linguistics" in B. Lewandowska-Tomaszczyk and M. Thelen (eds.) *Translation and Meaning, part 4.* Proceedings of the 2nd session of the 2nd International Maastricht Duo Colloquium on Translation and Meaning, 22-24 September 1995. Amsterdam: John Benjamins. 297-312.

_____ 2000. "Unlocking the power of the SMEMUC" in S. P. Botley, A. M. McEnery and A. Wilson (eds.) 148-156.

Santos, S. 1996. *Tense and Aspect in English and Portuguese: A Contrastive Semantical Study.* PhD Dissertation. Lisbon: Instituto Superior Tecnico. Univesidade Técnica de Lisboa.

_____ 1998. "Perception verbs in English and Portuguese" in S. Jognsson and S. Oksefjell (eds.) 319-342.

Scarpa, F. 1999. "Corpus evidence of the translation of genre-specific structures" in *Textus* XII(2): 315-332.

Schmied, J. 1996. "Encouraging students to explore language and culture in early modern English pamphlets" in S. P. Botley, J. Glass, A. M. McEnery and A. Wilson (eds.) *Proceedings of Teaching and Language Corpora 1996.* UCREL Technical Papers 9. Lancaster: UCREL Lancaster University.

_____ 1998. "Differences and similarities of close cognates: English *with* and German *mit*" in S. Johnsson and S. Oksefjell (eds.) 255-276.

Scott, M. N. 1998. *Normlisation and Readers' Expectation: A Sudy of Literary Translation with Reference to Lisoector's A Hora da Estrela.* PhD Thesis. Liverpool: AELSU University of Liverpool.

Séguinot, C. 1988. "Pragmatics and the explicitation hypothesis" in *TTR: Traduction, Terminoligie, Rédaction* 1(2): 106-114.

Sela, P. and Arad, A. 1977. "Simplification and over-simplification in the language of teachers". Unpublished seminar paper. Hebrew University. Jerusalem.

Shamaa, N. 1978. *A Linguistic Analysis of Some Problems of Arabic to English Translation.* D.Phill. Thesis. Oxford: Oxford University.

Sheffy, R. 1992. *Repertoire Formation in the Canonization of Late 18th Century German Novel.* PhD Dissertation. Tel Aviv: Tel Aviv University.

Shiesinger, M. 1989. *Simultaneous Interpretation as a Factor in Effecting Shifts in the Position of Texts on the Oral-Literate Continuum.* MA Thesis. Tel Aviv: Tel Aviv University.

_____ 1991. "Interpreter latitude vs. due process. Simultaneous and consecutive interpretation in multilingual trials" in S. Tirkkonen-Condit (ed.) *Empirical Research in Translation and Intercultural Studies. Selected Papers of the TRANSIF Seminar, Savonlinna 1988.* Tübingen: Gunter Narr. 147-155.

_____ 1995. "Shifts in cohesion in simultaneous interpreting" in *The Translator* 1(2): 193-214.

_____ 1998. "Corpus-based Interpreting Stuties as an offshoot of corpus-based Translation Studies" in S. Laviosa (ed.) 486-493.

_____ 2000. *Strategic Allocation of Working Memory and Other Attentional Resources in Simultaneous Interpreting*. PhD Thesis. BarIlan University. Ramata Gan. Israel.

Shuttleworth, M. 1997. "Universals of translation" in M. Shuttleworth and M. Cowie (eds.) *Dictionary of Translation Studies*. Manchester: St. Jerome.

Simmon-Vandenbergen, A.M. 1998. "*I think* and its Dutch equivalents in parliamentary debates" in S. Johansson and S. Okawfjell (eds.) 297-318.

Sinclair, J. 1987. (ed.) *Looking up: An Account of the COBUILD Project in Lexical Computing*. London and Glasgow: Collins.

_____ 1991a. *Corpus Concordance Collocation*. Oxford: Oxford University Press.

_____ 1991b. *Council of Europe Multilingual Lexicography Project*. Report submitted to the Council of Europe under contract no. 57/89.

_____ 1992. "Lexicographers' needs". Pisa Workshop on Text Corpora January 1992.

Stemmer, G. 1981. "Kohäsion im gesprochen Diskurs deutscher Lerner des Englishschen". Bochum: Seminar für Sprachlehrforschung.

Stewart, D. 2000. "Conventionality, creativity, and translated text: The implications of electronic corpora in translation" in M. Olohan (ed.) 73-91.

_____ Forthcoming. "Poor relations and black sheep in Translation Studies" in *Target*.

Stubbs, M. 1986. "Lexical density: A technique and some findings" in M. Coulthard (ed.) *Talking about Text*. Discourse Analysis Monograph No 13. English Language Research. Birmingham: University of Birmingham. 27-42.

_____ 1993. "British traditions in text analysis: From Firth to Sinclair" in M. Baker *et al.* (eds.) 1-33.

_____ 1996. *Text and Corpus Analysis: Computer-assisted Studies of Language and Culture*. Oxford and Cambridge MA: Blackwell.

Svartvik, J. 1996. "Corpora are becoming mainstream" in J. Thomas and M. Short (eds.) *Using Corpora for Language Research: Studies in Honour of Geoffrey Leech*.

London and New York: Longman. 3-13.

Thunes, M. 1998. "Classifying translational correspondences" in S. Johansson and S. Oksefjell (eds.) 25-50.

Teubert, W. 1994. *Parallel Corpora and Multilinaual Lexicography.* Unpublished manuscript provided by the author.

Tirkkonen-Condit, S. 2000. "In search of translation universals: Nonequivalence or 'unique' items in a corpus text". Paper presented at Research Models in Translation Studies. UMIST and UCL Manchester 28-30 April.

Tognini-Bonelli, E. 2000. ""Unità funzionali commmplete" in inglese e in italiano: verso un approccio "corpus-driven"" [Complete functional units in English and Italian: towards a corpus-driven approach] in S. Bernardini and F. Zanettin (eds.) *I Corpora nella Didattica della Traduzione.* [Corpora in translation teaching] Bologna: CLUEB. 153-175.

Toury, G. 1977. *Translational Norms and Literary Translation into Herbrew, 1930-1945.* Tel Aviv: The Porter Institute for Poetics and Smiotics Tel Aviv University.

_____ 1978. "The nature and role of norms in literary translation" in J. S. Holmes, J. Lambert and R. van den Broek (eds.) Leuven: ACCO. 83-100.

_____ 1980. *In Search of a Theory of Translation.* Tel Aviv: The Porter Institute for Poetics and Semiotics. Tel Aviv University.

_____ 1985. "A rationale for Descriptive Translation Studies" in T. Hermans (ed.) *The Manipulation of Literature: Studies in Literary Translation.* London and Sydney: Croom Helm. 16-41.

_____ 1991a. "What are descriptive studies into translation likely to yield apart from isolated descriptions" in K. M. van Leuven-Zwart and T. Naaijkens (eds.) *Translation Studies: The State of the Art.* Amsterdam: Rodopi. 179-192.

_____ 1991b. "Experimentation in Translation Studies: Achievements, prospects and some pitfalls" in S. Trikkonen-Condit (ed.) *Empirical Research in Translation and Intercultural Studies.* Tübingen: Gunger Narr. 45-66.

_____ 1995. *Descriptive Translation Studies and Beyond.* Amsterdam and Philadelphia: John Benjamins.

Trew, T. 1979. "Theory and Ideology at Work" in R. Fowler, B. Hodge, G. Kress and T. Trew (eds.) *Language and Control.* London, Boston and Henley: Routledge and Kegan Paul. 94-116.

Tymoczko, M. 1998. "Computerized corpora and the future of Translation Studies" in S. Laviosa (ed.): 652-660.

_____ 2001 Forthcoming. "Conneting the two infinite orders: Research methods in Translation Studies" in T. Hermans (ed.) *Cross-cultural Transgressions. Research Models in Translation Studies: Historical and Ideological Issues.* Manchester: St. Jerome.

Ulrych, M. 1997. "The impact of multilingual parallel concordancing on translation" in B. Lewandowska-Tomaszczyk and P. J. Melia (eds.) *PALC' 97. Practical Applications in Language Corpora.* Lødz University Press. 421-435.

van Doorslaer, L. 1995. "Quantitative and qualitative aspects of corpus selection in Translation Studies" in *Target* 7(2): 245-260.

van Leuven-Zwart, K. M. 1989. "Translation and original: Similarities and dissimilarities, 1" in *Target* 1(2): 151-181.

_____ 1990. "Translation and original: Similarities and dissimilarities, 2" in *Target* 2(1): 69-95.

Vanderauwera, R. 1985. *Dutch Novels Translated into English: The Transformation of a "Minority" Literature.* Amsterdam: Rodopi.

Vehmas-Leto, I. 1989. *Quasi-correctness. A Critical Study of Finnish Translations of Russian Journalistic Texts.* Helsinki: Neuvostoliittonistiuutti.

Venuti, L. 1995. *The Translator's Invisibility.* London and New York: Routledge.

Vermeer, H. J. 1986. *Voraussetzungen für eine Translationstheorie: Einige Kapitel Kultur-und Sprachtheorie.* Heidelberg: Selbstverlag.

Whetherby, J. 1998. "Teaching translation into L2: A TT-oriented approach" in K. Malmkær (eds.) *Translation and Language Teaching: Language Teaching and Translation.* Manchester: St. Jerome. 21-38.

Viberg, Å. 1998. "Contrasts in polysemy and differentiation: Running and putting in English and Swedish" in S. Johansson and S. Oksefjell (eds.) 343-376.

Vinay, J. P. and Darbelnet, J. 1958. *Stylistique Compareé du Français e de l'Anglais.* Paris:

Didier

_____ [1958]1995. *Comparative Stylistics of French and English; a Methodology for Translaiton.* Translated and edited by J.C. Sager and M.-J. Hamel. Amsterdam and Philadelphia: John Benjamins.

Whissell, C.M. 1994. "Computer program for the objective analysis of style and emotional connotations of prose: Hemingway, Galsworthy, and Faulkner compared" in *Perceptual and Motor Skills* 79: 815-824.

Williams, R. 1976. *Keywords.* London: Fontana.

Wonderly, W. 1968. *Bible Translation for Popular Use.* United Bible Societies.

Woolls, D. 1997. *MULTICONC.* Software for multilingual parallel concordancing. Birmingham: CFL Software.

_____ 2000. "Form purity to pragmatism; user-driven development of a multilingual parallel concordancer" in S. P. Botley, A. M. McEnery and A. Wilson (eds.) 116-133.

WordsSmith Tools. 1996. Oxford: Oxford University Press.

Zanettin, F. 1994. "Parrel words: designing a bilingulal database for transaltion activities" in A. Wilson and A. McEnery (eds.) *Corpora in Language Education and Research: A Selection of Papers from TALC '94.* Unit for Computer Research on the English Language Technical Papers 4 (special issue) Lancaster University. 99-111.

_____ 1998. "Bilingual comparable corpora and training of translators" in S. Laviosa (ed). 616-630.

_____ 1999. *Ipertesti, Corpora e Traduzioni: La Narrative di Salman Rushdie in Italiano.* [Hypertexts, Corpora and Translations: The Narrative of Salman Rushdie in Italian] PhD Thesis. Bologna: Università degli Studi di Bologna.

_____ 2001. "Swimming in words: Corpora, Translation, and Language Learning" in Aston, Guy (ed.) *Learning with Corpora.* Houston, TX: Athelstan, 177-197.

_____ 2000. "The English Italian Translational Corpus: A resource for learning about Translaiton". Paper presented at the Fourth International Conference on Teaching and Language Corpora. English Department University of Graz Austria. 19-23 July.

역자 안동환(安東煥)

　　부산고와 부산대 영어영문학과 졸업

　　미국 Georgetown대 대학원 언어학과 수료(1980 언어학박사)

　　부산대 영어영문학과 교수(1978-현재)

　　국방부 통번역장교(1972-74)

　　캐나다 University of British Columbia(1984-85) 및 미국 Duke University(1996-97)
　　　초빙교수

　　부산대 언어연구교육원장(1993-95), 인문대학장(2000-02), 교수회장(2003-05),
　　전국국공립대학교수회 상임회장(2004-05), 전국교수회 상임회장(2004-05)

　　한국언어과학회 회장(1995-97), 한국언어학회 부회장(2001-03), 한국영어학회 회장
　　　(2006-08)

　　번역서『과학과 인간의 목표』(1996, 한국문화사),『현대영어통사론 강의』(1996, 한국문화
　　　사),『영어통사론 그리고 논증』(2002, 한국문화사),『현대영어의 구조』(2006, 교
　　　보문고),『통사론: 생성문법이론의 소개』(2007, 한국문화사) 등 10권

　　연락처 부산대학교 인문대학 영어영문학과 / dhahn@pusan.ac.kr

코퍼스기반 번역학: 이론, 연구결과, 응용

발행일 • 2008년 8월 20일

저자 • Sara Laviosa/역자 • 안동환

발행인 • 이성모/발행처 • 도서출판 동인/등록 • 제1-1599호

주소 • 서울시 종로구 명륜동2가 아남주상복합Ⓐ118호

TEL • (02) 765-7145, 55/FAX • (02) 765-7165/E-mail • dongin60@chol.com

Homepage • donginbook.co.kr

ISBN 978-89-5506-365-3

정가 12,000원

※ 잘못 만들어진 책은 교환해드립니다.